女は後半からがおもしろい

坂東眞理子
上野千鶴子

集英社文庫

はじめに

同じ富山県生まれで同時代を生きてきた上野千鶴子さんと私ですが、こんなにも長くじっくりとお話をしたのは初めてです。上野さんは、さすが対話の名手。彼女の鋭い質問に、思わず私も自身の少女時代から大学、就職、仕事のこと、さらには恋愛、結婚、育児についてまで率直に語ってしまいました。上野さんの話はとてもおもしろく、上野さんも私の話をおもしろがってくれて、終始、話題は尽きませんでした。時を忘れて語り合える相手がいるというのは、とても愉《たの》しい人生の悦楽の一つですね。

さて、上野さんと私は団塊の世代。この時代の女性たちは、家庭においても学校や職場においても、「女性はこうあるべき」との古い因習が残る中を生きてきました。私自身、子どもの頃からよく「男の子ならよかったのに」と言われたものですが、「じゃあ、女の子なら何にもできないの?」という思いはずっとありました。女の子の能力は期待されていない、ということがとても寂しかったんです。

そうした同じ思いを抱えた上野さんと私は、女性問題とスタートから深く関わってくることになりました。

上野さんは研究者という立場から縦横無尽《じゆうおうむじん》に活躍の場を広げ、さまざまな人とのしなやかな関係のネットワークを広げて、社会環境の構築に力を注いでいらっしゃるのは、皆様もご存知のとおりです。

私は、といえば、公務員としてピラミッド型行政組織の中の一番の底辺から一歩、一歩足場を踏み固めて、女性を取り巻く環境改善に汗を流したという実感があります。そして、少なくともこの三〇年の間に、政府の内側と外側という立場は異なっても、私たちのやってきたことが女性を取り巻く環境を変える力に少しはつながったのかな、という思いは確かにあります。

三八年前に娘が誕生したとき、「女の子で申し訳ないな」と彼女のこれからを思ったものですが、今、その娘たちは男女雇用機会均等法の恩恵を受け、育児休業法の恩恵を受け、保育所増加の恩恵を受け、私の人生とはちがった時代を伸びやかに生きています。「女の子でよかった」と心の底から思える時代になった。それに自分がいくばくか関われた、そう喜びを噛《か》みしめています。

そして、私たちが次に求められているのは、母たちとはちがった人生後半期のモデルを、超高齢社会の女性の生き方の設計図を描くことだと思っています。今後、ますます高齢化が進む日本にあって、六十代、七十代の生き方が社会のしくみを支え、新たな社会をつくるからです。上野さんは『おひとりさまの老後』で、新しい高齢者の生き方を提示されました。

ただし、そうした現実を見ない人たちも、やはりいます。とりわけ東日本大震災が起こった「三・一一」の後、自己防衛、生活保全に走る人もいます。六十の定年の時期を境に、社会との関わりより「悠々自適《ゆうゆうじてき》」に憧《あこが》れる人も多いし、「今まで一生懸命、働いてきたから」などと、趣味や旅行に一生懸命。最大の関心事は自分の健康と安楽に暮らすことだけ、という利己的な過ごし方を望みがちです。それも人それぞれとはいえ、しかし後半期の長い人生の過ごし方は、それだけで充実するのでしょうか。六十、七十歳まで培ってきた長い人生の知恵を、社会に還元するという生き方、利他的な人生こそ、実り多い豊かさにつながると私は思っています。

私は公務員の頃に「待機児童ゼロ作戦」で全国一五万人の定員増の予算獲得を実現させましたが、そんな大仕事はもはやできません。でも今、昭和女子大学で認証保育所を児童数三〇人から始めました。仕事の規模は何千分の一ですが、ゼロじゃない。何もしなければ何も変わりません。そうした小さなことの積み重ねが、さまざまな形に変わるおもしろさも知っていますし、大きな広がりと出会いを生む喜びもある。そして何より小さな積み重ねこそ、大きな山を動かす真の力になるとの確信があります。

二十一世紀の超高齢社会は「支え合いの社会」です。血縁だけじゃない、新しい縁をつなぎ合う社会です。その社会の構築に六十代、七十代の人生のキャリアは欠かせない財産。埋《う》もれさせてしまってはもったいないと思います。

もはや新しいしくみをつくらないと、一歩も前に進めない時代が来ています。「三・一一」の大震災を機に、私たちを取り巻く社会環境はすっかり変わってしまいました。対談は「三・一一」以前でしたが、改めてその担い手が女性たちであること、そうした社会こそが、男性にとっても女性にとっても豊かな社会であることなどを、とことん語り合いました。

二人とも「さぁ、もうひと仕事しなくちゃ！」の気構えです。

二〇一一年四月　坂東眞理子

女は後半からがおもしろい　目次

第二章

第三章

女は後半からがおもしろい

第一章

ちがいすぎる私たち

母のようになりたくない

坂東　私たちは同じ富山県生まれなんだけれど、歳《とし》が二つちがうのかしら。上野さんは、中学校までは富山ですか。

上野　ええ。父は富山で医者をしていたんですが、空襲で焼け出されて一家で疎開したのが、中新川郡《なかにいかわ》上市町《かみいち》というところ。私はそこで生まれて三歳ぐらいまでいましたが、小さかったから記憶にありません。その後、富山市に戻って、それから金沢市に引っ越しました。

坂東　上市町の出身ですか。私はすぐそばの中新川郡立山町《たてやま》五百石《ごひゃくこく》。田舎《いなか》生まれの田舎育ちで、高校で初めて富山市。

上野　高校はどこでした？

坂東　富山中部高校。あの田中耕一《こういち》さん（ノーベル化学賞受賞者）の出身校というのですっかり有名になったんですけれど、地方のふつうの進学校ですよ。

上野　私の母校（石川県立金沢二水《にすい》高校）は、森喜朗《よしろう》さん（元首相）の出身校。同じ有名人でもどう見たってノーベル賞のほうが格が上ですね、やっぱり品格がちがいます（笑）。

富山ってわりと有名人好きなところでしょう。女性で名前が知られているのが、坂東さんと上野だって、よく言われますけれど。

坂東　いえいえ、高橋はるみさん（北海道知事）ですよ。富山県民は公職に就《つ》いている人を尊敬しますから。

上野　ああ、なるほど。富山はもともと女が強いところだって言われていますね。

坂東　そうなんです。ただ、やはりまだ男性を立てて、女性は縁の下の力持ちという役割分担が行われています。

上野　日本の田舎は、どこもそうですが、富山はその典型で、女の働きがなければ夜《よ》も日《ひ》も明けないのに、女に意思決定権がないところなんですよね。

坂東　だから女性たちは外へ出て活躍するんですよ。
上野　そのとおり。私たちのようにね。坂東さんはどんな少女時代だったんですか。
坂東　四人姉妹の四女ですけれど、それこそね、「また女か」とまわりは同情の嵐《あらし》だったらしいですよ。ウフフフ。
上野　末っ子長男のつもりでご両親がひとがんばりなさったわけね（笑）。だったら息子のように育てられたということはあります？
坂東　少なくとも「女の子らしくしなさい」なんて言われることは、まったくなかったですね。「眞理ちゃん」「眞理ちゃん」って本当に可愛《かわい》がられて育ちました。
上野　そこがやっぱり私とちがいますね。甘やかされた、可愛がられた娘まではきょうだい同じなんだけれど、兄と弟がいましたから、兄に許されたことが私に許されませんでした。たとえば兄にはない門限が私にあるとか、兄には期待された人生のコースが、私には期待されないとかね。父はひとり娘の私をペットのように溺愛《できあい》して、二人の息子には厳しいという、性差別のあるしつけを目の前でやってくれましたから。

坂東　私はそういったことはなかったですね。うちの父方の家系は菅原《すがわら》というんですけれど、わりと男が弱くて女が強いんですよ。私の祖母がすごく強い人で、愛国婦人会、国防婦人会かな、婦人会の会長を二〇年ぐらいの長期で務めていたというような、地方のボス的な存在だったんですね。

上野　お母さまは、そのお姑《しゅうとめ》さんに仕《つか》えられたんですか。

坂東　そうなんです。母はおとなしい人だけど、やっぱり、父もおとなしいほうで。だいたい、菅原家の男性たちはあまり経営能力がないんです（笑）。菅原家は、戦前は造り酒屋をしていたそうで、町長などもして広い土地を持っていたんですが、戦後の農地解放などで失い、造り酒屋も畳《たた》んで、父は農業研究所に勤めていました。読書が好きな静かな人で、経済力とは縁がなかったんでしょうね。そういう父は、偉大な母の頼りない息子だったんです。

上野　うちも気の強い祖母でしたよ。明治生まれの気の強い姑がマザコンの長男を支配していて、その夫の顔色を妻が見ている、という構図でしたから。典型的な家父長的家族ですよね。祖父の死後、祖母は〝皇太后《こうたいごう》権力〟で、わが世の春を謳歌《おうか》していましたから。

坂東　私の祖母も戦前とちがって経済力は失《な》くしたとはいえ、小さな町の有名人で〝皇太后〟だったんでしょうね。嫁である母に、家事も子育てもすべて任せて社会的な活動に走り回っていましたね。母は母で実家で女の子として厳しくしつけられてきた人だから、お姑さんには従わなければならないものだと思い込んでいるんですね。

上野　孫としては、母と祖母という二つの女のロールモデルを見ていて、どちらに同一化しました？

坂東　祖母は私が小学校に入る直前に亡くなっているんですが、まわりからは私は「おばあちゃんに似てる」って言われていましたね。

上野　ということは、おばあちゃん型の生き方が女のモデルとしてあるということですね。

私は母の人生を見ていて、「これが私の将来か」と思ったら、耐《た》えられなかったですよね。三世代同居で母と祖母の嫁姑関係は悪かったですし、そのうえ小姑《こじゅうと》との軋轢《あつれき》があったりして。母はそのたびにマザコン夫を嘆き、「お前たちさえいなければ、私は離婚するのに」と夫婦関係の愚痴《ぐち》を子どもたちにこぼしました。そういう母の人生は幸せには見えなかったし、かといって、その生活から脱《ぬ》け出そうとしない母を私は憎みましたね。だから「母のようにはなるまい」とずっと思い続けてきました。

坂東 私は、嫁として姑や夫に仕え、家を支えた母にはすごく同情していましたよ、かわいそうだなって。ただ最初から私は母とはちがう、とは思っていましたね。

上野 どうしてですか?

坂東 やっぱり、祖母が別のロールモデルで、母よりも祖母に似ていると周囲から見られていたからのような気がします。学校の成績がよかったから、「あの子はできる」と地域でも評価されていたので、ありがたいことにコンプレックスはまったく感じていなかったんです。

上野　ああ、そうか、成績がよければ女の子でも〝名誉男性〟待遇だったんですね。でも私たちの世代の女性の大学進学率って、まだ低かったですよね。女の子は高卒で働くのが当たり前で、中卒も少なくありませんでした。おまけに比較的お嬢さまのご家庭でも、大学なんかにやったら嫁に行けなくなるからって、女子には短大がふさわしいと思われていた時代だったじゃないですか。

坂東　でも富山はね、わりと成績重視型社会でしょう。成績のいい子は富山大学へ行って、学校の先生になることを期待されていたんです。男の子はそれこそ東京へ出て、「男児《だんじ》志《こころざし》を立てて郷関《きょうかん》を出《い》づ」（月性《げっしょう》）だけど、女の子は地元の四年制の大学を出て教員をするという道は、わりと一般的だったんじゃないかしら、あの時代でも。

大学闘争の真っ只中で

上野　娘の高等教育に、理解のある親御さんだったんですか。

坂東　そうですね。母も本当は東京に出たかったらしいんだけれど、出してもらえなくて女学校の上にある専攻科でいわゆる花嫁修業をしてきたから、理解はありました。ただ私が東大に行ったとき、うちの親類で東大に在学している男性が「東大なんか行ったら、女の子はモテないよ」と言っていたけれど（笑）。

富山では女性は教員になるというのが、お嫁さんの貰《もら》い手が一番多い。そのお嫁さんを支えてお姑さんが家事や育児を担《にな》ってくれるというのが、その家が繁栄するための最高の条件のように思われていましたね。

上野　仕事を続ける気持ちは、子どもの頃からあったんですか。

坂東　全然、考えていなかったですね。母なんかは、私を医者にしたいと思っていたみたいですけれど。母の親類や菅原家のほうにも女子医専に行った人はいて、お医者さんになれば、学校で勉強したことが生きるけれども、自分のように家庭に入ってしまったら勉強したことが何も生きないって、母はよく嘆いていましたから。でも私は理科系じゃなかったので。

上野　私は、高校三年生まで理科系進学クラスにいましたよ。

坂東　じゃあ「お医者さんになれ」って言われませんでした？

上野　私も半分はそのつもりだったんですが、開業医の父親を見ていて尊敬できなかった。レールが敷《し》かれている人生のような気がしてね。一生食いっぱぐれがないなんて、なんてつまらん人生やなあと（笑）。

坂東　私はなんとなく医者の世界は狭《せま》いような気がしてた。今にして言うのも恥ずかしいけれど、東大へ行けば将来に可能性がいっぱい広がっているような幻想を持っていたんですよ。〝ゴールデン・パスポート〟かなと（笑）。ところが、実際、東大に入ってみたら、全然広がっていなかった。

上野　何に失望したんですか？

坂東　まずは、マスプロ教育。それから学生を見て「なんだ、この程度なのか」って思いましたね。だから、もっぱらクラブ活動に勤《いそ》しんでいました、軟式テニスと観世会《かんぜかい》と二つも入って。

上野　あらっ、私も謡曲《ようきょく》と仕舞《しまい》をやっておりました。日舞《にちぶ》もやりましたし。古典芸能系ですね。

坂東　まあ、そうですか。

上野　最初から公務員志望で大学を選択したんですか。それとも公務員とは限らないけども、一生働き続けるという気持ちがあったから、ですか。

坂東　公務員なんて全然考えになかったですね。ただ家事は好きじゃなかったので、一生家事だけをする人生というのは嫌だなとは思っていたけれど。漠然《ばくぜん》と文筆家とか、学者や研究者とかいうのがいいなぁというくらいのものですよ。でも大学に行ってみると、私はとても文学研究者の道には向かないとわかった。

上野　私は京大に進学しましたけど、あの当時、二浪、三浪の男子がけっこういたでしょう。高校を卒業したての十八ぐらいの小娘が、ひげ面《づら》のオヤジみたいな同級生を見ると、もう世代がちがうぐらい仰《あお》ぎ見るようなかんじでね。その連中が「吉本（隆明《たかあき》）が〜」とか「谷川雁《がん》が〜」とか言っているから、こっちは追いつかなきゃいけないと思って、一生懸命、爪先《つまさき》立ちする。そういう男たちを、私は坂東さんのように「たいしたことない」とはとても思えませんでしたね。

坂東　きっとそちらは質がよかったんですよ。東大も二浪、三浪ではあったけれど、なんか斜《しゃ》に構えているようなのが多くてあまり魅力的に思えなかった。
上野　とくに文学部に来る男子学生は、〝複雑骨折〟してますからね。屈折した部分を女にぶつけてくるみたいな、性格の悪い奴《やつ》がいっぱいいたでしょう（笑）。私が根性悪くなったのは、文学部系の男と付き合ったせいだとつくづく思いますよ（笑）。
坂東　そうだと思う（笑）。私はスポーツ少女兼文学少女だったんだけれど、「吉本がどうのこうの」と言う人たちとはあまり付き合わず、工学部や法学部、テニスをやる人の世界にいた。
上野　文学部的なところからは、さっさと逃げ出したんだ。賢《かしこ》かったですね（笑）。私のほうは入学した年から大学闘争が始まりましたから。デモとかクラス討論とか、そういう活動にずっと巻きこまれたというか、自分からはまりこんだというか……。あの大学闘争が激化した一九六八年、六九年頃、坂東さんは何をしておられたんですか。
坂東　〝ノンポリうろうろ〟ですよ。当時、〝ノンポリラジカル〟が幅を利かせていたのですが、ヘルメットをかぶるなんて全然しなくて、本当におろおろと「どうすればいいのかしら、私は」なんていうような学生でした。クラスにもセクトにも帰属意識はあまり持てなかったし、いろいろな意味で非所属の学生時代でしたね。卒業が六九年の、一月には例の安田講堂事件があった後の六月。三月の卒業が六月三十日に延期になって、卒業式もなかったんです。三〇〇〇円を振り込んだら、卒業証書が送られてきましたね。

上野　歴史上異例な時代ですね。

坂東　まったく、異例な年でしたね。私は、卒業しましたけれど、一番親しい友人はやはり卒業しなかったです。文学部はやっぱり留年が多かったのかな。

上野　私も一留です。留年しました。

坂東　そうですか。でも本当に大学四年間のうち、二年半ぐらいはうろうろしましたが、自分で好きな本を読んで過ごしたかんじですね。だから、社会人になってから職場で鍛えられて成長した、という思いが私はとっても強いんですね。

大学で学んだことは何もありません（笑）

上野　「就活」は、いつからしておられたの？

坂東　それこそぼんやりしていて、三年生の頃に先輩から「すっごく厳しいわよ」なんて聞かされて。それからですね、公務員試験の勉強をしたのは。

上野　教員という選択肢はなかったんですか。教員免許は取られなかったの？

坂東　一応、教員免許は取りました。でも自分は昔から教えるのはあまり上手じゃないと思っていたから、教師にはなりたくなかった。

上野　今は、教育者じゃないですか（笑）。

坂東　今もあまり上手じゃないですね（笑）。人に教える柄《がら》じゃないと思っています。末っ子のキャラクターなのかもしれないけれど、教えられるのはわりと好きなんだけれど、教えるのはあまり得意じゃないの（笑）。

上野　私のほうは、モラトリアムではもっと徹底していましたね。あの頃、女の子は、語学か教員免許ぐらいしか大学に行って身につけるものはないと言われて、津田（塾大学）とかに行った子が多かったんだけど、私は忍耐強くないから語学がキライ。古文書を読むのもイヤだから歴史学もダメ、消去法で残ったのが社会学だった、という安直さですよ。教員免許は、「でもしか教師」になってしまうのがイヤで、自分の選択肢をなくすというか、退路を断つために取らなかったんです。

坂東　うわっ！　すごい度胸だわ。

上野　要するに、怠惰《たいだ》の言い訳なんですけれど。だから免許なしにできる教師は大学教師だけというわけです（笑）。

学生運動の挫折《ざせつ》と絶望を味わって、先がまったく見えなかった私は、親元には帰りたくない、働きたくないという不純な動機だけで大学院に「モラトリアム入院」しました。やりたいことも、向学心、向上心もない、死に体《したい》ですよ。二十五歳の頃でしたけれど、新聞の求人欄を見ていて、自分のように珠算《しゆざん》も簿記もできない大卒の女子なんか、社会からいかにお呼びでないかがわかりましたね。

坂東　本当にね、公務員の頃はほとんど聞かれなかったけれど、大学という世界に入ってきたら、「大学で何を勉強されましたか」「何を専攻されましたか」とかって、この年齢になっても大学関係者って聞いてくるんですね。そう聞かれるたびに、私、小さくなってます（笑）。
上野　大学人には、それしか聞くことがないからですよ（笑）。私は公言してありますが、大学と大学院とでトータル一二年間過ごしましたけれど、学んだことは何もありません（笑）。
坂東　アハハハ、自分で勉強したんですよね。
上野　大学院生時代に、シンクタンクの研究員をアルバイトでやっていたんです。
坂東　なるほど。シンクタンクって、あれもまた、おもしろい業界ですよね。
上野　はい。私が今いくばくかでも情報処理のノウハウを身につけているとしたら、そのときの「オン・ザ・ジョブ・トレーニング」のおかげですね。繰り返しますが、大学で学んだことは何ひとつありません（笑）。
坂東　ちょっと話がよそにそれちゃうけれど、以前、シンクタンクの社長をしてた佐々木常夫《つねお》さんは「読書人に仕事ができる人はいない」と、豪語《ごうご》していましたね。

上野　はい、正しいです。シンクタンクって読書家や教養人はいらない、情報生産業なんです。シンクタンクで働いて骨身《ほねみ》にしみたことが二つあって、一つは情報というものは商品になること。二つめはクライアントが要求する情報じゃないと価値がない。だから他人の褌《ふんどし》で相撲《すもう》を取るしかないということ。この二つは徹底的に学びましたね。

話は変わりますが、公務員になったとき、定年まで働こうと思っておられました？

坂東　ぼんやりだけども、ね。こんなに就職が大変な時代だから、辞めたら苦手な主婦という仕事を一生しなければならないんだ、という恐怖心みたいなものがありました。

たとえば、私の親しかった東大の友達に、専業主婦になった人がいてね。彼女と同じ社宅には、学歴はないけれど幹部社員候補と結婚して住んでいる主婦がいたそうなんです。私の友達よりも、そんな妻のほうが夫にとってはよっぽど良妻なわけですよ。料理もお掃除も上手だし、可愛いしね。何より、いい相手と結婚して幸せとばかり嬉々《きき》として主婦をしてくれる。

そんな友達が言うには、「自分は高校、大学時代までは勉強ができて高く評価されたけれど、主婦としては必要な科目をこなせない劣等生だ」と。自分のこと、母のことを重ね合わせながら、まさしくそうだろうなと思いましたね。

上野　東大に「さつき会」という女子学生の同窓会がありますね。その「さつき会」のメンバーに、何度か接触したことがあるんですが、九〇年代初めまで東大卒の女子たちは「働き続けるべきか」それとも「主婦になるべきか」という二つの選択肢に引き裂《ひさ》かれたけれど、九〇年代後半になると「いかに働くべきか」という選択肢しかなくなったとおっしゃっていましたよ。

坂東　まさしく、そうですね。とくに私たちの世代に当たる七五年頃というのは、出産・子育て期に当たる二十代後半の就業率はM字型の谷が日本の歴史で最も深くなっているんです。東大を出ても専業主婦になった人が、おそらく一番多いのが、この世代じゃないかと思いますね。

上野　そうですね。私は、二十代後半のとき、京都の街を歩いていて呆然《ぼうぜん》としたことがあって。自分と同世代の女性の姿が潮が引いたみたいに街中からいなくなっていたんですよ。街中にもいないし、職場にもいない。職場は若い女の子に入れ替わっているし、みんな何してるんだろうと思った。

坂東　二十代後半から三十代前半はみんな家庭で子育て。私たち団塊の世代は、第二次ベビーブームの出現に勤しんでいたんです。それこそ、大学闘争なんかも経験して「女性の自立」なんてことを頭でわかっていたのに、現実には家庭に入らざるをえなかった。他の選択肢がなかったんですよ。

上野　なかったですよね。六〇年代に「ポストの数ほど保育所を」という運動があったけれど、それでも子どもが生まれたら保育所に入れるのは至難《しなん》の業《わざ》でしたし、入れたら入れたで後ろ指さされるしね。

坂東　あの運動はおそらく教員だとか郵便局で働く人だとか、女性職として確立されている人たち向けだったんじゃないのかしら。

上野　当時、朝日新聞の記者として働いていた大熊由紀子《おおくまゆきこ》さんの子育て体験談を聞いてびっくりしたことがあります。彼女はお子さんを預けるところがなくて、日赤《にっせき》の乳児院に子どもを預けに行ったんですって。乳児院というのは、親が亡くなったり、なんらかの事情で育てられなくなった子どもたちばかりがいるところでした。それくらい子育て支援の環境がないのかと、寒々としましたね。

坂東　私の友人も外資系企業に勤めていて、出張が多いので乳児院に預けていましたよ。

上野　私たちの世代は、大学闘争をやっていた人たちが、結婚、出産になだれこんでいった後、共同保育をやりましたね。親たちが持ち寄りで運営していたから、けっこう手間ヒマがかかるんですね。フルタイムの仕事をやっている女性は、時間が惜しくて保育所に預けているのに、逆に時間をとられてしまうならやってられないと、辞めていったりしました。

坂東　本当にそうだと思います。私も子どもが小さいときに、ちょっと共同保育に関わったけれど、こまごまとした仕事がもう大変でした。

結婚という分かれ道

上野　このあたりから、坂東さんと私の人生は分かれていくんですね（笑）。坂東さんの人生には、結婚、出産、育児、教育というアイテムが揃《そろ》っているんだけど、私のほうにはこのアイテムがない（笑）。

坂東　その間に研究者として自分を磨《みが》いていらっしゃったわけだから。デビューしたのは、いつ頃になりますか。

上野　遅いんです、三十代。そもそも就職が三十歳になってからで、生まれて初めてお給料を貰ったとき、お給料を貰うってこんなにいいことなのかと。働いても働かなくても決まった額が毎月入る。あまりのことに感動して、私、「え～っ！　こんなに貰っていいんですか」って言ったら、同僚が、「そんなこと言わないほうがいいよ」って（笑）。みんな、こんないい思いをしてたのかと思いましたよ。それまでずっとアルバイトしたり、奨学金を貰ったりで食うや食わずでしたから。

坂東　私は狂乱物価の前に就職したので、初任給は三万円ぐらいでしたね。それがオイルショック後、七三年頃から、ガッガッと二倍ぐらいに増えたときは「あぁ、やっぱり働くっていいな」って思いましたね（笑）。

上野　先ほど「専業主婦だけはイヤだ」と思ったっておっしゃったけど、結婚と出産は最初からライフプランにありました？

坂東　結婚はしたいと思っていましたね。それから子どもも複数ほしいと。それは、きっと母親の影響でしょう。母は夫にあまり期待しない分、子どもに期待する女性だったんです。それこそ「おひとりさまの老後」は寂しい。女性にとっては子どもがいることが何より心の支えになる。とくに、老いていくに従って子どものいない寂しさを感じるようになる、と思い込んでいた人でしたから。昔の人だから、子どもを持たないと女はダメだというのを刷り込まれて育ってきたんでしょうけれど。娘にもしっかり刷り込んでくれました。

上野　これだけは聞きたいな（笑）。東大時代、ボーイフレンドはいらした？

坂東　男友達というのならもちろんいましたが、ただ、私は高校の同級生と結婚しているんです。彼も東大で当時から付き合っていました。
上野　ああ、そうか、同級生カップルなんだ。
坂東　人を見る目がなかった若気《わかげ》の過《あやま》ちの責任を、今にいたるまで取り続けております（笑）。
上野　何をおっしゃいます。少女時代に見初《みそ》めた相手なら、ほとんど純愛路線ですよ。
坂東　もうその話題は避けましょう。一生かけてその過ちを償《つぐな》いますので（笑）。
上野　じゃあ、結婚・出産と仕事との引き替えなんていう選択肢は、最初からなかったんですか？
坂東　そうですね、なかったです。逆に言えば、白馬に乗った王子様と結婚したんだったら、キャリアなんてつまらないと思えたかもしれないけれど、等身大の相手だったので、そういう夢は見られなかったんですね（笑）。
上野　それも同級生カップルのいいところですね。男性によっては、結婚したら女性が仕事を辞めるのは当然だと思っている人も、けっこういましたから。

坂東　いましたね、当時はとくに。子どもが生まれたら誰が面倒を見るんだと、妻に要求するのはふつうのことでしたから。

また昔のことを思い出したけれど、大蔵省（当時）に勤める人と結婚してそういう境遇になった友達がいました。当時、私は総理府というあまり目立たない役所で働いていましたが、仲間内では、その〝大蔵省夫人〟になった人が「女性の中で出世頭《がしら》なのは、○○ちゃんだね」って言われるわけ。「えっ、どうして？」と私は思いました。大蔵省もわれわれもお給料は全然変わらないし、私は彼女が玉《たま》の輿《こし》に乗ったとは思っていなかった。彼女は優秀だったので、結婚して仕事を辞めるのはもったいないなと、本心で思っていたんですけれど。ところが、世間の目というのはちがうんですね。大蔵省の官僚ならば、将来の天下りも含めて生涯賃金が高いと見込んで人生を量るんです。そのとき実感しましたね。女性というのは、自分の力で獲得できることなんてたかが知れていると見なされ、夫を通じて獲得するもので評価されるんだって。

上野　ピエール・ブルデューという社会学者の弟子のマリー・デュリュ＝ベラが書いた『娘の学校―性差の社会的再生産』（藤原書店）というおもしろい本があるんですが、そこには娘に教育投資をしても、それによって娘が将来到達するはずの社会経済的な地位よりも、結婚によって夫を通じて到達する社会経済的地位のほうがより高い可能性があると書いてある。

くだいて言えば、お嬢様で短大に行って、銘柄会社の夫をゲットして奥様になるほうが、大学を出て二流、三流の会社に入って、そこでがんばってキャリアを積むよりも、ずっと世間的には有利、というわけです。

坂東　それは私たちが働き出した六〇年代は常識だったんじゃないのかしら。ガツガツ勉強はできなくても、容姿のいい女性はどこかの会社のＯＬになって、その会社のエリート社員の奥さんになるっていうのが、幸福のイメージとして当たり前でしたから。

上野　そうでしたね。いやはや時代は変わりましたね（笑）。

坂東　変わりました。当時の幸福のビジネスモデルは通用しなくなった。そういう意味では、女性は昔ほど容姿で評価されなくなった。今ももちろん美しさは重要な要素ではあるけれど、他のさまざまな尺度で評価されるようになったというのは、女性にとってはよかったと思いますね。

上野　女性が評価される尺度というか、チャンスが増えましたね。以前はチャンスを得る選択肢すらなかったんですから。

坂東　そう、チャンスさえなかった。チャンスがなかったから諦《あきら》めやすかったということはありますね。今のように悩むこと、迷うことはなかったですね。

男になるか、アイドルになるか

上野　たしかに選択肢が増えた今のほうが、女の子たちの悩みは深いですよ。のちほど、その話をしたいと思いますが、私と坂東さんの共通点として「男職場の中に参入していった初の女」というのがありますよね。

ただ私のほうは男兄弟の中で育って、男の表も裏も知っているし、弱点も知っていて、たいそうな生きものじゃないと最初から思っていますので（笑）。その点では男に対する恐怖心もなく怖いもの知らずだったんですけども、坂東さんのように姉妹の中で育った人が、自分以外はほぼ男性という職場で働いたとき、カルチャーショックとか違和感とかはありませんでしたか？

坂東　たしかに女性に囲まれて育っていますし、男性とはそう親しくなかったんですが、公務員の世界では、建前というのももちろんあったでしょうが、男性は比較的いい顔を見せてくれました。セクハラなんかもなかったですし。まあ、それには私が女性として魅力的じゃなかったからという説もあるんだけれど（笑）。

上野　いえいえ、セクハラ被害は年齢、容貌《ようぼう》、体形とは何の関係もないことが、データからわかっております（笑）。

坂東　アハハハ。まあ、珍獣《ちんじゅう》パンダを遠巻きにして見ているというかんじはありましたけれどね。男性からすごくいじめられたとか、意地悪されたというのはないですね。むしろね、森山眞弓《まゆみ》さん以来、女性官僚が連綿と続いていた労働省（当時）のほうが、女性の中での生き残り競争が厳しかったようです。

上野　それをお聞きしたかった。坂東さんは総理府に入られましたが、労働省はもともと女性官僚がそれなりに活躍してきたところで、山川菊栄《きくえ》さんや赤松良《りよう》子《こ》さんがおられたし、女性政策ではあちらのほうが老舗《しにせ》ともいえます。公務員になるなら、女性が活躍できる労働省とか、あるいは厚生省（当時）という選択肢もあったと思うんですが、総理府を選ばれたのはなぜですか。

坂東　一つは私と同じ学年で労働省に入る人がもう決まっていて、定員がもういっぱいだったの。当時、一つの役所が女性を複数採《と》るなんてありえなかった。

上野　いっぱいだった？（笑）

坂東　他にどこか採用してくれるところがないかと探したら、たまたま総理府が広報室に女性を採るかもしれないと聞いたんです。それで、総理府に。

上野　たまたま、ですか。日本にとってはよかったかもしれませんね（笑）。

　男社会での女のサバイバルの仕方を見ていると、職場初の紅《こう》一点というときに、〝名誉男性〟扱いしてもらう、つまり結局は二流の仲間のような存在になるか、もしくは職場のお姫様、アイドル化して比較的大事にされるかという二パターンあるように思うんです。坂東さんはどちらですか。

坂東　どっちだろう？　やっぱり同じ仲間という扱いではなかったですね。「ちょっと変わっている」というふうな目で見られていたと思うんですが、とくに美人でもないし、可愛くもないからお姫様ではなかったけれど。ペットなのかな。「眞理ちゃん」「眞理ちゃん」って、三十代になっても言われていましたよ（笑）。

上野　すごいですね、官庁で「眞理ちゃん」って言われていたんですか。それってある意味「女の子」扱いですか。

坂東　まあ、「元気のいい眞理ちゃん」というかんじで（笑）。今にして思えば、特別の存在だったんですね、やっぱり。私は公務員試験に受かって上級職として入っていますが、同じ職場でも広報室には、慶應《けいおう》大学を卒業してアルバイトをしていた女性がいたの。彼女は本当に頭がよくて有能だったのにアルバイトなんですよ。それからもう一人、四年制大学を卒業したとっても気のいい女性がいて、私と「三人娘」なんて言われていた。けれど、私だけ上級職だったので、やはりちょっと居心地が悪かったですね。

上野　お茶くみ、コピー取りもなさいましたか。あ、コピー機はまだありませんでしたが。

坂東　それはもちろん。その三人で一緒にやっていましたよ。

上野　あの村木（厚子《あつこ》）さん（障害者郵便制度悪用事件で検察の不正の被害者となった厚生労働省元局長）は、入局したときからお茶くみを進んでおやりになったそうですね。

坂東　彼女は特別な人。有能で大人、強い女性です。

上野　有能であるだけでなく、そういう下働きを、いやがらずに骨惜しみせずおやりになったと聞きました。

坂東　彼女なら想像つきますね。私の場合はそこまで気がまわらなくて、上司からみんなと一緒にやったほうが風当たりが少ないんじゃないの、と言われて「あまり上手じゃないですけど、いいですよ」というかんじでやっていましたね。私が職場から浮かないように、上司のほうが気を遣《つか》ってくれましたが、やっぱり上級職ではない女性の先輩からは、「下手《へた》ね」「慣れてないわね」とかってチクリチクリ嫌味は言われたりしましたよ。こっちも内心では「いやなやつ」って思っていましたけれど（笑）。

上野　九七年の「東電ＯＬ事件」*のことは覚えていらっしゃるでしょう。あの女性は、初期の女性総合職として東京電力に採用された大卒女性社員でした。彼女はお茶くみ当番がきたときに、水を張った洗い桶《おけ》の中に茶碗《ちゃわん》をまとめて入れて揺すって洗うから、茶碗が飛び出してよく割ったんだとか。「これは私の仕事じゃない」というふうに、実にいやそうにやっていたそうです。

坂東　なんでそんなに反発したのかしらね。そんなの、ちょこちょこってやっておけばいいのに。一五分ぐらい早めに出社するなんてこと、なんでもないじゃない。男性もつまらない仕事をさせられていますよ、新入生の頃は。だから、そこで喧嘩《けんか》してもしょうがないと思うんだけれど。

上野　そう思えるかどうかの差なんでしょう。同じ条件で採用された男はそういうことをしなくてもいいのに、という気持ちはあるでしょうね。『たかがお茶されどお茶―職場のお茶くみを考える』（時事通信社）という本もあるくらいですから。

坂東　私はそこのところを、正義を貫くためにがんばるということより、「まあ、しょうがないじゃない」と妥協《だきょう》して働いてきたんでしょうね。

上野　そこが重要なんですよね。私が学者の世界に参入したときは、最年少ですから、いつも下《した》っ端《ぱ》です。ですから骨惜しみなく働きました、はい（笑）。

さっきおもしろいなと思ったのは、坂東さんの場合、私的な世界は女の世界で、それから男の世界に入ったタイプでしょう。私のほうは姉妹がいなくて、目の前にいる大人の女性は母親だけ。その母をカウンターモデルとして「こうはなりたくない」と思って育ったから、自分の女性性に対しても嫌悪感を持っていました。女の世界を意識的に遠ざけてきたような私だったから、女性とのコミュニケーションには苦手意識が強かったですね。

坂東　大学では女友達はいなかったですか。

上野　数少ないです。それに学生運動に巻き込まれていけば、男だらけの世界ですから。相手の顔が見えなくなるぐらいのもうもうとしたたばこの煙の中で、やいのやいのと議論している男たちの中に女ひとりでいることが当たり前だったから、女とどうつながっていいのかがわからなくて。やっぱり、私にとって女との出会いは、「女性学」との出会い。全共闘運動の中でも女性差別は日常的でしたから、そういう中で私が学んだのは、「ひとりになること」。できたばかりの日本女性学研究会の集まりに初めて誘われたときも、イヤイヤでしたね。でもそこで出会った女の世界が魅力あるものだったし、女友達ってこんなにいいものかと思った。だから私の女性開眼は遅いんです（笑）。それ以前は、男と付き合うのに忙しくて（笑）。

坂東　私は、学生時代は女性と付き合うのに忙しかった。もうちょっと男の人と付き合っていたら、もっとモテたかもしれないのにと残念に思うけれど（笑）。

大学時代、男性たちはあまり魅力的でなかったと言いましたけど、その代わり、魅力的な女性はたくさんいたんです。「さすが、お主《ぬし》できるな」と思わず言ってしまいそうになる人ばかりでしたね。そういう、私よりも頭がよくて優《すぐ》れている女性たちが、いろいろな巡《めぐ》り合わせで能力を発揮する機会がない。たいしたことのない私が、たまたま公務員という仕事を選んだことで今までやってくることができたんだと思うんです。だからその分、お返しする責務を負っているような気がしています。

良き男性と出会えれば

上野　坂東さんが職場に入った当初は、女性の上司はいないでしょう。
坂東　たたき上げの女性たちはいましたけれど。
上野　キャリアがちがうから、その人たちは職場のロールモデルにはならないですよね。たとえば「何年後の自分はこうなっている」というような将来図は描けました？
坂東　「あけぼの会」という女性官僚のネットワークがあって、当時は女性の上級職の人たちは少ないので、省庁横断的な会になっていたんです。私たちの頃にも、みんなで集まって、年に二、三回食事をする機会があった。そこには、森山

（眞弓）さんだとか、赤松（良子）さん、川口（順子《よりこ》）さん、坂本（春生《はるみ》）さん、遠山（敦子《あつこ》）さんだとかが、もうずらっといらっしゃったから、省はちがうけれど、彼女たちがロールモデルだったんでしょうね。

上野　私、学生に言うんですよ。内定をゲットした職場で一〇年、二〇年と勤続している人を見て、その中に「こうなりたい」と思う人がいなかったら辞めたほうがいいよ、って。

長い間、私はオーバードクター（博士号を取得しながら定職に就けない者）という名のフリーター、ニートでした。やっと二三通目の公募書類がパスして短大の常勤講師の職が決まったのですが、その職場で長年働いておられた先輩（教授）を見て、「三〇年いたらこうなるのか、ここには長居せんでおこう」と思いました（笑）。

坂東　あっ、そこは私とちがいましたね。やっぱり彼女たちの場合は、マスコミでも取り上げられているし、自信にあふれているし、魅力を感じましたね。

上野　大学という業界があまり好ましいところじゃないというのもあるのかも。

そもそも社会性のない方たちの集まりですからね（笑）。ホラ、新しい職場に行ったら何か出会いがあるかしらって、最初、ちょっとワクワクするじゃないですか。それで教授会とか行ってみてね。「しまった！　業界をまちがったァ」って。

坂東　アハハハ（笑）。

上野　ところで男性にロールモデルはいました？

坂東　指導者として「立派な人だな」という人はいましたが、自分があなれるとは思わなかったですね。

上野　この世代の女がそれなりに頭角を現すには、男のメンター（指導者）が不可欠ですね。誰にとってもメンターは必要だけれど、女性初の職場には女のメンターはそもそも選択肢にないので、男しかメンターにならないんですよ。坂東さんにはそういう人はいらっしゃいました？

坂東　そういう意味では何人もいて、とてもラッキーだったと思います。それこそ入ったときの人事課長は、いまだにお付き合いが続いておりますし、当時の賞勲《しょうくん》局長だった方は、たまたま出身地が同じだということで気にかけてくださって、いろいろな教訓をいただきましたね。

上野　その方たちは、坂東さんを育てようというつもりだったんでしょうか。どういうおつもりで、目をかけてくださったんでしょうね。

坂東　人事課長は、自分が女の子を採ったという採用責任を取らなければならないということがあったんでしょうね。その方は自分が人事課長時代に採った男性官僚に対しても、応援しなきゃというかんじで、家に呼んだり一緒に食事したりと小まめにやっておられましたから、とくに私だけじゃないと思います。それから、旧制富山高校出身の方は、私のおじと知り合いだったのかな。具体的なことはよく知らないんですけれども、そんなつながりもあって可愛がってくださったんだと思う。

上野　男性上司が女性部下を可愛がる場合、その方法もいろいろで、困った可愛がり方もあるけれど、大事なのは仕事のチャンスをくださるということですよね。

坂東　そう、それですよ。たとえば人事異動の面でも、男性は二年ごとにルーティン的に変わっていくんだけど、女性の場合は別。私の場合も青少年の専門家になったほうがいいんじゃないか、広報室の専門家になったほうがいいんじゃないかという考え方もあったんだけど、「いや、私もやっぱりいろんな経験をしたい」と言ったら、口を利いてくださってね。

上野　坂東さんは、いわゆる「帝王学」コースを初めて女性で歩まれたんだ。

坂東　当時の総理府の中ではね。

上野　私の場合も、やっぱり今から思えばメンターに当たる方たちが仕事のチャンスをくださった。社会学では吉田民人《たみと》さんとか作田啓一《さくたけいいち》さんが論文を書くチャンスをくださったし。もう一つ大変ありがたかったのが、二十代後半から三十代にかけて人類学者の山口昌男《まさお》さんが東京で研究会をやっていて、「おもろいやっちゃ」というだけで、京都にいた私を呼んでくださったのね。あの方、本当に立派な方で、人を集めるのが大好きなのに親分・子分はつくらないという方でした。

坂東　それでも山口さんは、みんなから立てられていましたよね。

上野　まわりから立てられていましたし、ものすごく愛されていました。寂しがりで賑《にぎ》やかなことが好きなお祭り男だから、まわりに多くの人が集まる。冗談で

「山口組組長だ」とおっしゃったりするんだけれど、学会的な派閥や親分・子分をおつくりにならない。本当に権威主義のない方で、そういう方に私も可愛がっていただいて、ずいぶんチャンスをいただきました。PR誌の執筆のチャンスとかね。

利害関係がまったくない、親分・子分でもない、学閥もない、指導教員と学生の関係でもないのに、「おもろいやっちゃ」とチャンスをくださる。私たちの世界は、組織というよりはある種、実力の世界だから、もちろんチャンスは一回。ただしそれをクリアすると次がある。そういったかたちで鍛《きた》えていただいた。大変ありがたかったですね。

坂東 私も青少年対策本部の係長だったときに、参事官、課長クラスだった千石《せんごく》保《たもつ》さんという方が総理府に出向していらしてね。検事なんだけれど、青少年問題の専門家となって、日本青少年研究所をご自身でつくられ、本も当時からたくさん書いていらした。私はそれで、「そうか、公務員をしながら本を書いてもいいんだ」と教えられたんです。それと文書を書くときは、短い文章で、一つのセンテンスには一つの意味だけに限定しなきゃいけないと。当時の私は『源氏物語』風にぐちゃぐちゃと書いていたから、「悪文だ」って、ずいぶん怒られて直されたりしながら育てていただきましたね。

＊「東電ＯＬ事件」　東京電力に勤務する女性社員が殺害された事件をめぐる一連の騒動。一九九七年三月十九日、渋谷区のアパートの一室で女性の遺体が発見された。被害者は一流大学を卒業し、東京電力に総合職として勤務するエリート社員だったが、捜査が進むに連れて昼は会社員として働き、夜は売春婦として街角に立っていたことが判明。週刊誌やワイドショーを賑わせるとともに事件を扱った書籍が出版されるなど、さまざまな議論を巻き起こした。

第二章

女が道を切り拓く

ふたりに訪れた転機

上野　坂東さんにとってエポックメーキング（画期的）な出来事だったのは、なんといっても第一回の『婦人白書』の執筆だったと思うのですが。

坂東　そうですね。

上野　こういうものを日本で初めて出したことの意義は大きい。それに、前例がない中で、最初にフォーマットをおつくりになったのも坂東さんですね。

坂東　以前に、青少年対策本部のときに「青少年白書」を四回書いていたから、「白書なら書けるぞ」と思っていたんです。七五年の「国際婦人年」に総理府に「婦人問題担当室」（通称）という部署が新設されたのを機に、「白書をつくりましょう」と一生懸命進言したんです。当時、室長は労働省から出向していた久保田眞苗《まなえ》さんでしたが、まだ「一種の広報資料」という受け止め方でした。

上野　自ら志願して「婦人問題担当室」に異動されたのですか。

坂東　いや、当時はそれこそ、青少年対策の分野で第一人者になろうと野望を持っていました（笑）。「青少年白書」を何回も書いたりしていましたから、日本の青少年のことについては、私が一番よく知っていると内心思っていたんです。

上野　ほほう。千石（保）さんのようなロールモデルもおられたし。

坂東　そうそう。ところが「国際婦人年」で総理府に新たな部署が創設されることになって、適当な人がいないから「おまえ、行け」と言われて。「なんだ、女だから婦人問題担当だなんて、あまりにも安易じゃないか」なんて思いながら、いやいや行ったんですよ、そのときは。

上野　その気持ちはよくわかりますよ。組織の中で女に割り当てられる仕事は結局、「婦人科」領域（笑）。だから私も、家族社会学には行きませんでした。

坂東　本当にそうなんですよ。でも行ってみたら、「ああ、これこそ私の仕事だ」とのめり込みました。それこそ女性学に出会った上野さんじゃないですけれど、「ああ、これは私個人の問題じゃなくて、女性みんなの問題じゃないか」と。そのまま仕事と趣味と生き甲斐《がい》が一緒になったような、とても幸せな出会いでしたね。「これもしたい」「あれもしたい」とワクワクしていました。

上野　思うに、私たち二人とも七〇年代から八〇年代にかけて波のように起こった「女性運動」の時代の中で、その波に乗っただけじゃなくて、波を起こす側にもいたんですよね。本当に幸せな時代を経験しましたね。

七八年は、私が「日本女性学研究会」を通じて女性学と出会った年でもあるんです。

坂東　「女性学研究会」というと冨士谷《ふじたに》あつ子さんとか、ああいう方たちの？

上野　冨士谷さんがつくられたのは「日本女性学研究会」ですが、女性学の団体で一番早いのは、井上輝子《てるこ》さんたちがやっておられた「女性学研究会」。これは研究者が中心となって東京でつくった二〇人ぐらいの小さい集まりです。そこから、当時『講座・女性学』（勁草《けいそう》書房）というシリーズが四巻出ました。東京では原ひろ子さんたちが「国際女性学会」をつくられましたが、こちらの活動は不定期。その後、民間の生涯学習団体として京都で初めて「日本女性学研究会」ができました。冨士谷さんが自ら創設者を名のって理事長になられたんですが、私のように後から参入した者で無血革命を起こしました。

坂東　おおっ！　そういう指揮権のチェンジがあったんですか？

上野　はい。これはあまり公表していないんですが、私の経歴の中では誇《ほこ》るべきことの一つです。理事長職を廃止し、理事会を廃止し、総会を廃止し、運営委員会というボランタリーに手を挙げた人たちからなる集団をつくって、ピラミッド型の組織を直接民主主義型の組織に変えた。それを団体が分裂したり、誰かを排除したりすることなくやりとげたので「無血革命」と呼んでいます（笑）。

そのとき、ありとあらゆる事態を考えまして、たとえばミニコミで「VOICE OF WOMEN」という月報をつくった。情報が集中するところには権力が集中するとわかっていましたので、完全に持ち回り制にして一号ずつ担当者が替わる方式にしたり。また徒弟制度のように、経験者が経験のない者と組む方法で人材を育成するとかね。そうやってこれまでに多くの人材を育ててきて、今日にいたるまで続いております。
坂東　それは立派ですよ。革命をやれる人は多くても破壊するだけで、その後、建設し、維持するって難しいことですよ。上野さんは、組織人としての才能が大変ありますね。
上野　自信はあります（笑）。この「日本女性学研究会」は、私を育ててくれた場で、そのときに出会った仲間たちが、私にとって最も信頼のおける人脈ですね。同じ困難に直面して、信頼関係を築き上げてきた人たちとの仲間意識は、すごく大事なものになっている。女性とのつながりがものすごくポジティブにとらえられるようになったのは、こういうつながりがあるからなんです。
坂東　そうなるまでに長い時間が必要だったんですから、そのつながりは財産ですよね。
上野　はい、大事です。私自身、それまでずっと女であることによる差別や挫折《ざせつ》感《かん》に憤《いきどお》りを抱えていたけれど、全共闘運動の瓦礫《がれき》の中から生まれた「ウーマン・リブ運動」には猜疑心《さいぎしん》がありました。初めて「女性学」に出会って、自分自身を学問の対象にしていいという領域があるとわかったときは、〝目からウロコ〟の驚きでした。それまでにも論文は書いていたけれど、女性学に立脚したら、自分の中から書きたいことがどんどん湧《わ》き上がってくる。そんな感覚は初めてでしたから。

仕事と子育てで綱渡りの日々

上野　坂東さんは当時の「ウーマン・リブ運動」に、どのくらい関心をお持ちでしたか？

坂東　リブの頃、私はちょうど出産・子育てに忙しくて、手がまわりかねていた時期なんですね。「国際婦人年」に関しては、もう役所の仕事としてだから、あまりムーブメントとしては関わらなかったんです。

上野　『婦人白書』の第一号の執筆者でいらしただけでなく、その後お出しになった著書を旧姓の菅原《すがわら》眞理子名でお書きになっていたから、何かポリシーがおありなんだろう、と思っておりましたけれど。

坂東　運動としては、リブとはあまり関わりがなかったんですけれど、結婚して子どもを産んでという中で、男のパートナーっていうのは、あまり役に立たないなということも痛感して、「自分でやるしかない」という気持ちが強かったですね。それが、菅原という筆者名に表れたのだと思います。

上野　夫は、父親としてはいかがでしたか？

坂東　自分ではやっていたつもりなんでしょうけれど。民間企業の工学系の社員だとまわりの同僚は、それこそ社宅に住んで、家事専業の奥さんに支えてもらうというような男文化の中で生きているわけだから。その中では同僚と異なり、妻に助けてもらわず、働くのを許すだけで「えらい」と言われていた（笑）。

上野　でも、妻がふつうの妻じゃない（笑）。

坂東　そうそう。夫は長時間勤務で、男の付き合いも一通りやっているという、まあ、ふつうのサラリーマンですよね。だからといって、離婚するだけの元気も私はないから。お互い、まあ仕方がないやと（笑）。

上野　夫婦とも、ご実家が富山。遠いから子育て援助は得られませんよね。どうされたんですか?

坂東　最初の子のときはなんとか保育所に入れたんですけど、保育所だけでは無理な面もあるし、あれこれと迷ったんですね。結局、専業主婦の姉が横浜に住んでいたので、その近くに住むということを選んだのですが、ただ、姉の夫が航空機のパイロットだったので、姉は夫がいない時期は全面的に協力してくれますが、夫がいるときは難しくて。

上野　坂東さんのような、〝ダブルキャリア・ダブルインカム〟なら、お手伝いさんに頼むという選択肢もあったのでは?

坂東　それができなかった。働いてくれる人がいなかったのかしらね。横浜に引っ越す前は同じ神奈川県内の相模大野《さがみおおの》に住んでいたんですけれど、そのときは近所の方にお金を払ってお願いしていたんですよ。ただ専門のベビーシッターじゃないですからね。相手の都合によって急に断られたりすると、「次の日、どうしよう」と慌《あわ》てることもあって。

上野　仕事と子育てでは、女性は皆、綱渡りしていますよね。電信柱に「ベビーシッター求む」の貼《は》り紙を貼って歩いた、なんていう方もいらっしゃいましたよ。

坂東　電信柱ですか。今となってみると、それをやるのもよかったかなと思うんだけど。私は、「あの人なら預かってくれるんじゃないか」というような口コミを聞いては、主婦の人にお願いしてまわっていました。そのほうが、何かと安心だったんでしょうね。

上野　お子さんは娘さんがおふたりですね。

坂東　子どもは娘ふたりで、十二歳、離れているんです。長女のときは、毎日が慌ただしくて、もう「ひいーっ」って悲鳴を上げていましたけれど、父の死後、母がわりと自由の身になり、母の手を借りられるようになったので、ふたり目へのチャレンジが可能でした。

上野　ふたり目がほしかったのは、子育ての楽しみをもう一度味わいたかったからですか？

坂東　そうですね。複数の子どもがほしいというのは当初から思っていましたし、

「仕事のために子どもはひとりで我慢《がまん》」なんて禁欲するのは悔《くや》しいようなかんじがして。でも、やっぱり、もうひとり子どもがほしかったというのが本心ですね。

上野　三十七歳でふたり目を出産なさったんですよね。坂東さんぐらいの年齢で出産された方の多くは、「子育てが楽しくてしょうがない」とおっしゃいますね。

坂東　本当にそうなんですよ。私、その前（八〇年）にアメリカに行っているんですよ。当時、ハーバード・ビジネス・スクールの学生だとか、バイスプレジデント（副社長）級のボストンエリアの人たちにインタビューして、『米国きゃりあうーまん事情』（東洋経済新報社）という本を書いているんですが、とても刺激を受けました。アメリカでは、ようやく一人前《いちにんまえ》の仕事ができるようになってから三十代後半頃に、子どもを産むという人生戦略を考えている女性が多かったんですね。それで「私はまだ三十三、三十四（歳）じゃないか。これから私もできるな」って考えました。

上野　いやぁ、よくがんばっておられるなと、当時から思っていました。

坂東　ふたり目は母の援助があったからこそですが、もう一つ幸運だったのは、それから一年も経《た》たないうちに課長になったんですよ。課長になると、これまたずっと働きやすくなる。だから私、女性たちに言うんです。「課長になるといいよ」「課長になると自由がきくよ」「管理職になるといいよ。それまではなんとしてもがんばれ」って。

男の人たちは、女性が管理職を志すとライバルが増えるから、「管理職は大変だ」「上と下とのサンドイッチで大変だ」って言うけれども、管理職になったら仕事を自分の好きなようにアレンジできる部分がずっと増える。「会議は勤務時間中にやりましょう」とか「残業はやめましょう」とか、ね。管理職になると、女性は職場でずっと生きやすくなる。

女の仕事は後半からがおもしろい

上野　その指摘はまさにそのとおりで、日本では性別の原理よりも年齢の原理のほうが優位に立つから、五十代になったら男も女も関係ない。まわりの男たちがほとんど年下になるから、「性別なんか超越して仕事ができるんだから、こんなにラクなことはない」「がんばって居座るのが勝ちよ（笑）」なんて話は、私も何人かの女性たちから聞いています。

坂東 本当にそうだと思います。女性たちが、二十代の子育てで刀折れ、矢尽きて「引退します」なんていうのは、一番もったいない。安い賃金でこき使われるだけ使われて、仕事の楽しさも組織を動かす醍醐味《だいごみ》も味わわないうちに辞めるのはもったいないと思う。仕事は後半がおもしろいんですよ。

上野 たしかに。意思決定権を持てるようになればなるほど、おもしろいと思います。現在とちがって、当時は女性管理職が目新しい時代ですから、男性の部下の中で、「まさか女の上司に仕え《つか》るとは」というような反応をする人はいませんでしたか。

坂東 もちろんいました。とにかく彼らにとっては、全員生まれて初めての経験なわけですよ、女性を上司にするというのは。でも、こちらとしては十分に想定内の反応。面と向かっては言わないけれど、「私が偉いからでも、有能だからでもなくて、たまたま人事の回り合わせで管理職に就《つ》いたんですよ」「人間としての価値とは関係がないですよ。あなたは立派ですよ」と、それとなくにおわせる。そして、呼び方も「○○さん」と呼び、「これでいいでしょうか」と相手の意見を聞くということを心がけていましたね。
上野　ちゃんと教育者をやっておられるじゃないですか（笑）。たとえそう心がけても、組織だから指揮命令系統というのがありますよね。そのボスが女だっていうことには……。
坂東　内心はおもしろくない人もいたと思うんですけれど。公務員というのは肩書社会ですから、民間企業の能力主義・実力主義の世界よりは、「あいつの肩書がそうなんだからしょうがないな」と納得するところはあるんじゃないかと思います。
上野　当時の組織社会は、〝飲《の》みニケーション〟なんて言われるインフォーマル・コミュニケーションがメイン。これが曲者《くせもの》ですよね。
坂東　そう、職場の付き合いとして現在の女性官僚たちもゴルフをやっていますね。笑い話みたいだけれど、「あの人のゴルフの球はまっすぐ飛ぶから性格がいいよ」なんて評価されたり。私がゴルフをやったら、「あいつの球は曲がっているから」ってマイナス評価だったでしょうから……。やらなくて正解でした（笑）。私の頃は労働省の女性官僚は麻雀《マージャン》をされていたようです。

組織は派閥がつきものですが、派閥はプラスの面だけでなく、反主流派になるマイナスもありますから。派閥に入れてもらえないのは悪いことばかりではない。

上野　女性は主流も反主流もなく、蚊帳《かや》の外ですね。

坂東　カヤの外です。部下にとっては上司が派閥の有力者かどうかは、自分の出世につながるわけでしょう。女性上司ではその点が不利と考える。だから自分は派閥の外にいても、上司としては部下を売り込むというのは絶対やらなきゃいけないこと。

上野　ふつうは逆ですよ。部下の手柄は自分の手柄という上司が多いと思うのですが。坂東さん自身も著書の中で「上司に手柄を譲《ゆず》るのが部下の心得である」と、書いておられました。

坂東　ただ、女性の上司が、男性の上司と同じようなことをやっていたら「二流」「亜流」でばかにされる。女性は男性とはちがった新鮮な魅力のある上司でなければ、スタッフはついて来ないだろうというのは、自分なりに意識していました。

私はちょっと組織人の中ではみ出し者だったから、上司としてはおもしろい人間だったらしくて、一緒に仕事をした人たちは、大方懐《なつ》かしがってくれますよ。

上野　そうだと思います、お人柄がいいから。だけど「婦人科」領域というのはゲットー化されがちです。私はジェンダー研究をやっていますけれど、私のところに来た学生に、「あなたたちは不利な選択をしたんだよ」って言うんです。就活だって学界だって、ジェンダー研究をやってトクなことは何一つないですから。

坂東　女性の公務員でもね、「私は女だけど、女じゃありません」「女扱いしないでください」っていう人がいっぱいいるんですよ。私は〝名誉男性〟と名付けているのですが、そういう女性がけっこう多い。

それに公務員というのは、「世のため人のための仕事であって、なおかつ自分もおもしろい」というような、本当にハッピーに思える仕事が三分の一あるとしたら、他の三分の一は「なんで私がこんなことをしなきゃいけないんだ」と悩み、甘受しなければならない部分。そして「まあ、可もなく不可もなく」の思いになれるのが三分の一ですよ。すべてに「いいな」と思える仕事に出会えるっていうのはそうない。

上野 そう、高いモチベーションを維持できる仕事に出会えた幸福っていうのがあるから、どんな仕事にも耐えられるんですね。

坂東 だから、逆にモチベーションが高く持てないようなときには、あまり負けが込まないように。「東電OL」のように、まわりを敵にまわして心をぐちゃぐちゃにしないで、おとなしく、喧嘩《けんか》しないで黙々と耐え抜く精神的な強さが大事。組織の中で生き延びるには、それが絶対に大事なんですよ。

上野 おっしゃること、よくわかります。企業の人事担当者が話していましたが、就職試験で「好きなことなら夢中になります」と言っても得点にはならない。大事なのは、「キライなことでもきちんとこなせるかどうか」だと。私は組織人になれないと思いましたね（笑）。
やっぱり組織人として働いてこられたっていうところは、坂東さんと私の大きなちがいですね。大学は組織といえども個人商店の連合だから。

お互い、パイオニアとして

坂東　ネットワークを自分で立ち上げたり、先の無血革命の話なんかを聞いていると、上野さんは創業者としての才能がある。フリーランスの学者というよりは、ベンチャービジネスの創業者ですよ。

上野　自分でもベンチャービジネスの創業者みたいなものだと思っております。女性学自体が日本ではまだ定義もなく、大学にいたっては影も形もないという、まったくの民間の学問でしたから。民間学として育って、その後、大学の中に食い込んでいった学問ですからね。八〇年代に各大学で教養課程改革があって、その中で怒濤《どとう》のごとく「総合講座ブーム」があったんですよ。人権、性、男と女、エコロジーなどをテーマにしていた。女性学をアカデミアの中に入れるべく、一つの方法としてやったのは、それらの総合講座の中に食い込んだことでした。

それともう一つは、まったく新しい分野ということを逆手《さかて》に取りました。誰も教えてくれる人がいないから、逆に誰も押さえ付ける人もいない。何をやってもパイオニアになれる。だから、何かテーマを決めるでしょう。たとえばふつうの主婦が「高群逸枝《たかむれいつえ》」について何か論文を書いたとする。で、名刺をつくって「高群逸枝研究者」って肩書を付けちゃうんですよ。「誰もやったことのないことをやれば、第一人者になれるんだから」と言っておだてて（笑）。そうやって舞台をつくって、お互いに舞台の上に上げて育て合いをしてきましたね。

坂東　それはよくわかりますね。行政の中では「男女共同参画《さんかく》」や「婦人行政」といった分野は、みんなが「ノー・サンキュー」と敬遠する。すごくマイナーでお金も権力もないと思われていましたから。

今でも思い出しますが、各都道府県の人を呼んで「婦人問題を担当する部署や連絡窓口を決めてほしい」と言った際、どの県だったか忘れましたが、「わが県には、女性問題、婦人問題はありません」という答えが返ってきた（笑）。「うちの県の女性たちは、みんな立派な女性ばかりだから、婦人問題はないです」「必要ないです」と。それくらいにマイナスの権限争いというか、押し付け合いがありましたね。

上野　アハハハ、想像がつきます。要は何していいかわからない状態でしたから。

坂東　そうそう。そんなところから、自分たちの手で一つ一つ切り拓《ひら》いたんだという実感はありますね。

上野　あります。私、東大に来てから広がったネットワークがあるんです。理科系の女性の先生方とのつながりです。彼女たちをじっと見ていると共通点があるんですね。それは他人がやってない分野、ニッチ（隙間《すきま》）に参入していること。だからボスがいない。ナノテクや生命科学などの分野で「初の女性助教授（現・准教授）」になった人たちがそうです。上司に当たる教授のいない講座の助教授になっていくんです。

「そうか、なるほど」と。女が進出していくためには、やっぱりニッチ戦略。もう一つは、お金がどんどん入るおいしいビッグプロジェクトに参入するのではなく、どちらかというと少人数や個人プレーができる分野で落穂拾《おちぼひろ》いをしておられます。その典型で本当に象徴的だなと思ったのが、環境工学の中西準子《じゅんこ》さん。

坂東　環境問題も長い間、非常にマイナーでしたからね……。

上野　しかも環境っていうと広いけど、彼女は下水道学ですよ。下水道から出発して、東大工学系で開学以来、女性として初めての教授になられたでしょう。

私は、東大に行ってから女性研究者懇話会をつくったんです。その後、開店休業になりましたけど（笑）。何度かやったシンポジウムの一つに、中西さんに来ていただいたとき、「この研究テーマを選ばれたっていうことは、中西さんが女性だっていうことと関係していませんでしたか？」って聞いたら、それは強く否定なさいました。お認めになりたくないようだった。

坂東　うーん。私なんか、たとえば（埼玉県）副知事になったときに「あんたは女性だから、お飾《かざ》りとして副知事になったんでしょう」なんて意地悪なことを言う人がいましたけれど、それに対して「まったくそのとおり、女性だから副知事に指名されたんです」って言っていましたけどね。上野さんはどう？

上野　「上野ぐらいの能力の男だったらいくらでもざらにいるけど、女を売り物にしてきたから地位を得たんだ」とか、いろんなことを言っている男はいますね。

坂東　ねっ（笑）。

上野　はい（笑）。

坂東　でも、新しい分野を開拓していくのは、本当に孤独な戦い。応援団はいない、予算はない、権力はない。けれど、外の新しい勢力と結びつくことができるとか、情報を提示するとか、新しいかたちや目標・ビジョンを提示することによって、既成の力を持っている人たちと十分対抗できる。おもしろい仕事ができるんですよね。

上野　そうですね。そういう意味でもお互いにパイオニアとして、何をやっても新しくて、おもしろくてしょうがない時代を味わいましたね。

第三章

現代社会と女のあれこれ

雇用環境は女性のほうが深刻

上野　今、労働市場では非正規化が怒濤《どとう》のごとく進んで、女性の二人に一人以上が非正規雇用者となりました。正社員になりたくてもなれない人たちが膨大に増えて、その人たちがキャリアプランもライフプランも立てられない状況になっています。

坂東　同一価値労働・同一賃金で、パートの人たちの処遇を上げれば解決するかというと、そんな簡単な話ではないですね。それが、一つの突破口ではあるかもしれませんが。弱い者はどんどん弱い立場になっていく。

上野　以前、坂東さんに、「女性の働き方について、どんなアドバイスをなさいますか」とお聞きしたら、「仕事を手放さずに、仕事にコミットしなくてもいいから、マイペースで続けなさい」とおっしゃったでしょう。これまで、私も同じことを言ってきたんです。

たとえば、就職した教え子たちが転職したいとか、フリーになりたいとか言ってきたとき、いつも必ず反対してきました。どんな職場でもおまんまの種なんだから、定職・定収入があるほうがずっといい。そこから放り出されたら、荒野にひとりで立つのと同じ。荒野でファイティングを続けられる能力と覚悟のない人はやらないほうがいい、と。

坂東　そう思いますよ。組織というものは一面で仕事を与え、人を守ってくれるものだから。ひとりで戦っていける本当に有能な人ならば、ひとりでやっていけばいい。

上野　おっしゃるとおり。組織は有能な人にとっては桎梏《しっこく》になるかもしれないけれど、無能な人を守ってくれる。人並み外れて自分が優《すぐ》れていると思わない限りは、組織にいたほうが賢明だと。世間から思われている私のイメージとは正反対というか、堅実でリアリストなアドバイスをしてきました（笑）。

ですが、残念ながら、そのアドバイスが効いたのは九〇年代の初めまでです。今は定職を持つことさえ、非常に難しくなっていますから。

坂東　ええ、一般職の正社員というのが女性に保障されていた頃の話でしょうね、やっぱり。今、高卒や短大卒はもちろん、四年制大学を卒業した人たちでさえ、正社員として就職するのが難しくなってきていますよね。そういう人に何を言ってあげたらいいかといつも悩んでいます。たとえ正社員じゃなくても、そこで自分を理解する人と出会って「足場をつくりなさい」ということは言えますね。

上野　それって、婚活のことですか。私は、『おひとりさまの老後』の著者でもありますから、「おひとりさまでＯＫ」と言ってきました（笑）。

坂東　婚活でなく就活です（笑）。おひとりさまを楽しむためにも、絶対、自分の名前の収入を確保できなきゃダメですよね。

上野　そうです。仕事に生きがいなんかいらないから、定収入があることが大事だと、それは言えますね。でも現実には、その仕事がない。雇用保障が解体しているから悩むんですね。

坂東　それは男性よりも女性のほうが深刻ですよね。まず正社員のポストがない。とくに若い女性の現実はとても過酷です。今の女性の「専業主婦願望」は、彼女たちがその厳しさを生き抜くだけの自信を持てないからではないでしょうか。

上野　男子だって逃避したいんだと思いますよ。男子の場合、逃避しちゃう子は、たぶん引きこもりとかになっているでしょうが、女子は、競争から降りたいという願望を「専業主婦になりたい」と言いかえているだけだと私は解釈しています。

この人たちは夫や子どもに尽くしたいとは夢にも思っていないでしょう。

坂東　要するに、職場での競争や社会で戦うのは御免《ごめん》こうむる。降りたいということです。降りて、自分だけの世界で心地よく暮らしていきたいと願っている。

上野　そう。激烈な競争社会なんかで生き抜きたくないという気持ちは、今どきの男子も共有していると思います。

坂東　みんな、どうやって生きるの？　誰が養ってくれるのでしょう。

上野　パラサイトですね。経済力がある年齢だけでなく、年金生活になっても親が子どもを養っている。だから、親は死なせてもらえない。

坂東　親は子どもに釣った魚をあげるんじゃなくて、子どもに魚を釣る術《すべ》を教えなきゃいけないんですよね。

上野　「老後に子どもが不良債権になるかどうかが、老後の幸福を非常に左右する」と、坂東さんはおっしゃっていましたが、まったくそのとおり。これまでの子育てのツケが全部出てしまうんですね。

坂東　昔は子どもはね、将来、親を養ってくれるという期待の星、将来のための安全な投資信託だったんだけど、今はそうじゃないですものね。子どもは家から追い出して自立させなくちゃいけないんですよ。

上野　はい。親が、消費財としての子どもの耐用年数を延ばしているんだと思います。私のところに来る母親なんかは「うちにもね、三十になっても出て行かない子がいて」と言いながら口元が緩んでいる。出て行ってほしくないと思っているのはあなたでしょう、って（笑）。

どうしてそうなってしまったんだろうって思いませんか。一つには、やっぱり団塊世代の親たち、とくに母親が、子ども以外に生きがいを持てなかったということが大きいですよね。

坂東　そう。今、男性たちが「最近は女性のせいで家庭が崩壊している」と嘆《なげ》いているけれど、一番家庭崩壊をさせたのは男性なんですよね。「男は仕事だ」というのは裏返せば、男にとっては家庭も家族もたいしたことではないというメッセージなんですよ。それでも女性たちが黙々と家庭を支えてきました。

上野　おっしゃるとおり！　よくぞきっぱりとおっしゃってくださった（笑）。最初に子捨て・妻捨てをやったのはあんたじゃないかって、言いたい。女がその後に子捨てしたからって文句言うな、って言いたいですね。

坂東　親の世話も子どもの世話もしない。男ならそれが許される。それらは妻にさせておけばいいことで、妻がやって当然だという価値観をつくり上げた。

上野　その結果として若い女たちが「結婚しない」という選択肢を選んだんですね。離婚率も増えました。シングルマザーがすごく増えているけれど、小さい子どもがいることが、昔みたいに離婚の抑止力でなくなっているのが現代です。「父親がいないとかわいそう」なんて言い訳がきかないくらいに、父親は存在感がなくなっているんです。

坂東　つまり、男性の手抜きが全部自分に跳《は》ね返ってきているんですよ。

変わる男女の関係

坂東　夫婦間はもちろん、確実に男女の関係は変化してきていますよね。

上野　ええ、先ほど話に出た若い女性の専業主婦願望も、かつて私たち世代が抱いていたものとは様変わりしていることがわかります。彼女たちは、夫のため、子どものために尽くそうとはこれっぽっちも思っていません。夫と対等だという意識が基本で、何より自分自身の利益を最優先するようになってきたことは、女性の歴史的な変化でしょう。

坂東　専業主婦に「なってあげる」というかんじですね（笑）。

上野　大きい顔をしている（笑）。

坂東　女性の強さの現れ方が変わってきたのかなと思いますね。かつては家族のため人のために尽くす、補佐することを通じて影響を与え、舞台の後ろに隠れていたのが賢い女性でした。今は前面に出てきて、強さがむき出しになっている。今や男性は、女性に気に入られないと結婚できません。でも本当は自分の利益しか考えられない女性は幸せではないですね。「あなたと結婚してあげた」と思うのは幸せではない。

上野　たしかにそうですね。しばらく付き合うと、結婚を言い出すのは男性のほうだそうですが、選ばれるより選ぶほうがずっといい。結婚にも格差がありますが、そもそも女性の暮らし方が多様化しています。結婚する・しない、子どもを産む・産まないを選択できるようになりました。私はおひとりさまのはしりですが、私たち世代は九八パーセントの女性が結婚していますから。

坂東　はい、日本が豊かになったおかげで国民皆婚《かいこん》となりましたが、今また崩壊しつつあります。

上野　心理学者の小倉千加子《おぐらちかこ》さんは『結婚の条件』（朝日新聞社）の中で学歴に応じた女性の結婚観を、「保存・依存・生存」という標語で的確に表現しています。学歴が高い順から、現在の生活レベルや自分を変えない結婚を求める「保存」、相手に養ってもらうことを求める「依存」、そして生き延びていくために結婚する「生存」があるというのです。これが今の結婚の条件です。昔より現実的で恋愛至上主義ではなくなっているのです。

坂東　かたや、男性に愛されないと存在意義が保てない。モテ願望が強くなりすぎているようにも感じます。男性にステキだと思われたい、そう思ってくれる男性が、自分が自信をもって生きていくうえで必要だという願望です。

上野　男性から女として認められたいという願望は未婚の女性に限りません。最近、女性の賞味期限がどんどん延びているように思います。それで、私はよく周囲にこう尋《たず》ねています。「男友達の在庫はいる？」と。「友達以上恋人未満」の男性を確保しておくのがいい。

今の若者を見ていると、ひとりの異性を選ぶことイコール他の異性をギブアップすることではなく、結婚後も昔のボーイフレンドとお悩み相談の相手として付き合っているように思います。男女関係がとてもカジュアルになってきています。

「イクメン」という言葉が流行していますが、結婚してもカップルで協力して子どもを育てるようになっていますしね。三十代の若いパパは育休をとるまではいかなくとも、仕事に影響が出るほど熱心に育児に参加してきています。

坂東　たしかに、男性が子育てをずいぶんシェアしていますね。若い世代は少し変わり始めているなと思います。

私は認証こども園「昭和ナースリー」を運営するＮＰＯ法人の理事長もしていますが、園の発表会には、五〇人の子どもに観客が二〇〇人ぐらい来るんです。お母さん、お父さん、さらにおじいさん、おばあさんまで。少子化の中で、ますます子どもが宝になってきているということを実感しますね。若いパパたちはビデオを回すカメラマンをしたり、おむつを替えたりと大忙し。

「ナースリー」に子どもを預けるカップルは、両親のお給料がけっこう高いんです。保育料を六万円以上いただいていますので、正社員の女性が多いんですね。ワーキングカップル、勝ち組の人たちの中では、男性が家事育児をシェアするのが一つのトレンドですね。自分に自信のない男性のほうがシェアできない。昔の男らしさに縋《すが》ってしまって、「オレは男だからおむつなんか替えない」とか言うのは、むしろ、仕事でも自信のない人ですね。

娘には〝手に職〟を

上野　少し話を変えて、坂東さんのお子さんに対する教育観をうかがいたい。お嬢さんたちは、ずっと公立で育てられたそうですね。ご立派です。

坂東　あまり立派じゃないですよ。受験戦争の勝ち組ではありません。「お受験」は、私の状態では、とてもできる状況じゃなかったので、ずっと公立の小学校、中学校だったんです。

上野　高学歴のエリート女性は、子どもの教育についてジレンマに引き裂かれるようですね。子どもの教育に入れ込めば自分のキャリアが危うくなるし、かといって仕事中心に生きれば子どもの教育がおろそかになる、と。

坂東　でも、ずっと私は、東大を受けて公務員や大企業に勤めるよりは、女の子は手に職を付けたほうがいいと思っていたの。公務員をしていたときから、組織の中の人間は辞めたらおしまいだと。手に職を付けていれば出産、育児で辞めても復帰できるから、今も女性は専門職に就《つ》いたほうが自分で納得する人生を送れるんじゃないかなと思っています。

上野　そこをお聞きしたい。ご自分の職業生活に満足感を持っておられたら、子どもにも同じ道を勧めるということはないですか。

坂東　それはちがいますね。公務員の中で子どもに跡を継がせたがるのは外交官ぐらいじゃないかしら。やっぱり組織の中で生きるのは、時間的にも精神的にも大変でしたから。私の場合、それでもいろんないい人に出会い、いい仕事にも出会い、母の助けも借りられたのでラッキーだったけれど、誰もがそんなにいい巡《めぐ》り合わせになるとは限らないなって思っていましたね。

上野　国家公務員というのは、人も羨《うらや》む職業で、今でこそあれこれ叩《たた》かれていますけれど、いっこうに志望者は減りませんね。

坂東　でもね、最近は社会の評価が落ちているので、志望者は少なくなっています。それに時間あたりの賃金を考えると、やっぱり過酷な仕事ですよ。

上野　拘束《こうそく》時間に対する賃金水準を考えるとたしかにそうですね。日本の公務員は悪条件でよくがんばっておられると思います。でも、民間とちがう使命感や達成感がありますよね。

坂東　それはそう。だから自分自身は全然後悔していない。いい仕事をさせてもらえて幸せでした。かと言って、子どもたちにさせるという気はあまりなかったですね。

上野　〝手に職〟というのは、たとえば弁護士か医者ですか。次女の若奈《わかな》さんとの対談記事を拝見しましたが、「それがプレッシャーだった」と娘さんはおっしゃっていますね。

坂東　ええ（笑）。東大に行けとは言わないから、気が楽かと思っていました。

上野　私も目の前の学生たちを見て思うんだけれど、九〇年代からの変化として女の子が実学志向になったな、と。法学部と医学部にものすごく女子学生が増えました。

坂東　もう医学部の学生の四割は女性でしょう。

上野　そう。もう「女医さん」とか言って差別していられない時代です。いっこうに増えないのが、工学部と経済学部です。

坂東　工学はわかるけれど、経済は増えないんですか。

上野　増えません。ごくわずかに増えているけれど、他の学部、法学部や医学部などの伸びに比べると、工と経は本当に微々たるものです。

私が思うには、娘の高等教育を支えるのは、女親の力なんです。うちの学生を見ていると、背後に母親の執念みたいなものを感じるんですよ。そのせいか女子学生の浪人率が高まりました。

坂東　ほほう。それも変わりましたね。自分の場合も含めて、私の頃なんか女の子は東大に行くのはいいけれど、浪人するぐらいなら諦《あきら》めて他に行きなさいというかんじだった。

上野　そうなの。浪人したらお嫁に行けないとかね。それももう変わりましたけれど（笑）。だから母親のサポートがあってここまで来ているんだなということがわかるんですが、その親のサポートが、工・経に向かないのはどうしてかなって考えるんです。

坂東　まあ、工学の場合は、女性は理数系があまり好きじゃない、向かないという刷り込みだと思うけれど。

上野　私は別なことを感じるんです。私たちの世代の女親たちって、それなりにOL経験があるでしょう。結婚まで家事手伝いのみで、職業経験ゼロっていう人はどんどん減っていましたよね。そのOL時代に、組織での女の処遇を骨身にしみて味わったから、組織人としてしか生きていけない職業に、娘を就かせたくないと思っているんじゃないかしらと。

坂東　それは私も同感です。組織の中で生きていくのは女性にはつらい。やっぱり、〝手に職〟なんですよ。専門技術職は女性がもう約半数です。管理職は少ないですが。

上野　その〝手に職〟は、どれも個人プレーの職種ばかりでしょう。たしかに女の社会進出は進みましたが、個人プレーで生きていける職種に娘たちを送り込む母親たちには、男社会の組織に対する絶望があるんじゃないかと感じました。深読みでしょうか。

坂東　私は楽観的ですね。二十世紀の高度経済成長型の大組織は男の人たちが過剰適応して、ああいう社会をつくり上げました。けれど女の子はその次の時代を見据《みす》えてオーガニゼーションマン（組織人）じゃない、個人が主要プレーヤーになる新しい時代を先取りしているんだと思いますね。

上野　そうはおっしゃいますが、組織内にいるからこそ、一定の意思決定権を持つ管理的なポジションに立てば、それだけの仕事のレベルや規模の達成感が味わえる。個人でできる仕事の意思決定のレベルってたかが知れています。

坂東　上野さんは組織人でないから組織人を過大評価しているんですよ。本当の時代を切り拓《ひら》く人たちは、個人プレーヤーになり始めてきていると思います。

上野　たしかに、ベンチャー企業がどんどん生まれていますしね。勝ち組と言われる勝間《かつま》（和代）さんが独立したのは、組織人だったときの自分の仕事のパフォーマンスに対する報酬《ほうしゅう》があまりに低すぎたからだそうです。独立したら、報酬は圧倒的によくなったと。

坂東　彼女の場合は例外的な成功者だと思う。

上野　でもね、収入面ではアップしたかもしれないけど、結局、彼女が拠《よ》って立つのは「勝間ブランド」という個人ブランドです。彼女がもし組織人だったら、相応の地位やポジションに就けば、その立場でできる仕事の規模や裁量権の範囲が圧倒的にちがうでしょう。

坂東　まぁ、大きな組織では「相応の地位」に就くまでが大変です。大企業でも出世するには、トップのポストに就くためには社内の評価を気にしたり、苛酷《かこく》なしのぎの削り合いをしているわけですよ。ことに日本はトップに達するまでに必要とされる能力と、トップになってから必要とされる能力がちがうから、そこで大化《おおば》けしなければいけない。

上野　なるほど。人はそんな大化けできませんよね。

坂東　できませんよ（笑）。ましてや組織の人間がステップアップするための過程は、私たちの時代と比べても、ますます長く厳しいものになってきている。

上野　だから、娘さんには組織人になることは勧めたくないというお考えだったんですか。
坂東　何よりも本人たちがどれだけのモチベーションを持っているかによるんですよ。私が育ったのは地方の田舎町《いなかまち》だから、成績がよければみんなから評価されて育つわけですけれども、競争の激しい大都市周辺では誰も認めてくれない。多少のことでは、なかなか社会貢献意欲が育ちにくいのかなという気がしますね。

「東大卒」は役に立つ⁉

上野　お母さまが立派すぎて、娘さんがプレッシャーに押しつぶされるということはなかったですか。
坂東　いえ、プレッシャーではなくて、「批判勢力」だったんじゃないかな、とくに思春期は。今は親子仲良くなっていますけれど、思春期の頃の娘たちは「他の友達のお母さんはもっといろいろ世話してくれるのに、うちのお母さんは何もしてくれない」という思いは持っていましたね。現実に私は他のお母さんのようにはできないし、「それでもいいじゃない」というのが私の感覚だったけれど。たとえば働いている女性で、お姑《しゅうとめ》さんや自分の母親に子どもを世話してもらっていると、子どもの心がそっちに向いてしまって「私が産んだ子どもなのに、子どもから慕《した》われない」なんて言って悲しがる人がいるけれど、そんなに全部を手に入れようというのは欲深い。子どもが健やかに育つなら慕ってくれなくてもいい。自分の他にもわが子を愛してくれる人、愛する人がいて、子どもが成長するなら、それでよしとすればいいじゃないかと思いますもの。

上野　そこがなかなか潔いですね。著書にも「娘が未来の夫を連れてきたときも、親は勝ち目がないんだから、負けっぷりをよくしなさい」と書いておられましたね。感心しました。

坂東　私はそう思うんですよ。自分の子どもであるという事実は、もう変更のしようがないんだから一〇〇パーセント受け入れて、完璧《かんぺき》を望みすぎないほうがいい。子どもは子どもの人生を生きていきますから。

上野　どうでしょうね。高学歴のエリート女性の子育てを見ていると、子どもが小さいときは誰にでも任せられるけれど、とくにお受験期になったらそうはいかないのではないかと思うんです。それに、その頃は自分自身がちょうど働き盛りだから、自分の仕事を優先するか、それとも子どもの教育にエネルギーを割くかですごく気持ちが揺れる時期ですね。

坂東　子どもの将来図が現実味を帯びてくるから、ことに女親は気合を入れるんでしょうね。でも私は完全にそこのところは、自分の仕事を優先していました。

上野　そういう割り切りが、坂東さんにはどうしてできたんでしょう？　他の人たちを見ているとなかなか大変のようだけれど。

坂東　繰り返しになるけれど、これからは学歴よりも自分の力で、個人がどれだけの仕事ができるかどうかということが試される時代になると私は確信しているのね。公務員なんか、それこそ東大出身者がごろごろいるわけですよ。でも、その人たちが全員成功するわけではなくて、むしろあまり有名ではない大学を出た人のほうが有能で成功したりする。現に東大を出ていなくても成功している人たちを大勢見ていますから。入り口のところでは学歴は多少は有利かもしれないけれど、長い職業生活を考えたら、学歴にこだわるのはばかばかしいなと。現実から学んでいるんです。学歴にこだわるのは現実社会を知らないから。

上野　そうやって学んでこられたわけですね。十八歳で東大に進学したときは、ここに入ればきっと何かチャンスが開けると思われたんですよね。入ってみたら失望したということはあっても、就職については、東大のブランド効果はたしかにありましたでしょう？

坂東　それはもちろん。公務員の採用は試験ですべて決まりますが、いい仕事に就かせてもらえたのは学歴のおかげもあったと思います。私は弁舌爽《さわ》やかでもないし、頭もそう切れるようには見えないから、ただのおばさんに見えるんだけれど……。実際ただのおばさんなんですけれども（笑）。

上野　いえいえ、シャープですよ。はっきりしたことをおっしゃるのに、雰囲気がふわっと柔らかくてすごく得をしてらっしゃると思う。

坂東　う～ん（笑）。まぁアピール力が乏《とぼ》しいけれど、それにもかかわらず一応ばかにされないのは、東大を出ているということが間接的には影響していると思いますから、母校に感謝しています。でも現実の世界では、みんなが羨ましがるような経歴を持っている人たちが人生に成功しているわけではないというのは、確信を持って言えます。

ある雑誌の企画で、小学校時代の同級生に集まってもらったのですが、たとえば、学校の成績はさほどよくなかったある男の子は建築科に行って、今は自分で建築事務所を持って成功し、地元で活躍しているし、また信州大学の医学部を出て、ペインクリニックからホスピスをやっている立派なお医者さんもいたり。学校のときの成績よりも、その後の人生をどう生きてきたかのほうが重要なんだと、五十代、六十代の姿を見ると身に染みてわかる。

上野　たしかにそのとおりですね。とはいえ周囲の女友達を見ていると、「私、子どもに何も期待したことないわよ」とか言う人にかぎって、夫婦ともに東大卒だったりするんです。親が達成した水準に到達するのが子どもにとっては当たり前という環境で育つ子どものつらさってあるだろうし、また親が口に出して強制

しなくても、子どもが暗黙のうちに感じ取っちゃうプレッシャーのほうがきつい
だろうなと思います。だから坂東さんのところのように、ご両親が東大卒の子ど
もさんはどんなプレッシャーを感じておられたんだろうかと。

坂東　それに対して反発していたのかもしれませんが、こちらはそこまで深読み
するだけの暇《ひま》がなかったというのが正直なところですね。長女は本を読んだり勉
強するよりもスポーツ少女だったんです。とっても友達が多くて明るい子でした。
勉強が好きでないなら、無理して東大にやることはないじゃないかとは思ってい
ましたから。私のような勉強一つ見てやらない面倒見が悪い母親は進学について、
四の五の言う権利はない。本人は、成績を私があまり評価しないことに、内心が
っかりしていたかもしれませんが。

上野　やっぱり態度に出てしまうんだ、どんなに賢い母親でも（笑）。

坂東　そういったいろいろな苦い反省は親としてはありますが、健康に真《ま》っ直《す》ぐ
育ってくれた、まともな社会人になり、愛する人といい家庭を築いてくれたとい
うだけで大感謝なんですよ。中学受験はうまくいかなくても人生はうまくいって

いる。大学院を出て、研究所に勤務して、いい夫と二人の子どもを育てています。まあ、「親の迫力不足が子どもの頃の学力に反映した」とよく言ってますけれど。

上野 あまり手も足も出さなかったことが、かえってよかったかもしれませんね。これだけエネルギーとパフォーマンスの高いお母さんが、それを子どもに注《そそ》いだら、子どもは大変だったでしょうから（笑）。

坂東 職場ではいつもいつもハッピーなわけじゃない。そんなとき、子どもがいることによってすごく救われたし、あるいは自分で本を書くといった別な世界を持っていることで救われました。

自分の満足感が最高の報酬

上野 学生を見ていると、親は子どもに対しては適度に手を抜くぐらいがちょうどいいと思いますよ。それにしても坂東家の子育てで感心したのは、しつけの厳しさ。「小遣《こづか》いゼロ」からスタートしたんですって？

坂東　そう。それから食事中は携帯電話を見るな、テレビを見るな、モノを大事にしろとかね。そういったことは、わりと口うるさかった。だから子どもたちは家《うち》はすごく貧乏だと思ってたんですよ。両親が働いているのに、こんなに節約するのは、何か借金があるからかもしれないって想像してたって（笑）。

上野　お金というのは自分で稼《かせ》ぎ出すものだ、という感覚を身につけさせたんですね。

坂東　それは絶対に子どもが生きていくうえでの力になると思うし、どういう環境でも生き抜けるほうが、子どもは幸せだと思いますね。

上野　そう言える親はご立派です。学生を見てると「親の顔が見たい」って、どれだけ思うことか（笑）。今の親は子どもの歓心をお金で買おうとしますからね。なんで、日本の親子関係はこうなっちゃったんでしょう。今の学生の親って私の世代ですよ。私はついに親にならなかったけれど、その子たちを見ていると、私の世代は総じて子育てに失敗したんじゃないかというかんじがすごく強いですね。

坂東　やっぱり団塊の世代って、伝えるべきものを子どもたちに伝えていないんじゃないかなって気がしますね。

上野　どうしてだと思われます？　私たちの世代って親からはたいして援助されませんでしたよね。進学しても苦学生が多かったし。その世代が親になったら子どもにはとめどなく贈与し、子どもは贈与を受け取るのは当たり前だと思っている。なんでこうなっちゃったのかが、本当にわからない。

坂東　きっと、自信を持って伝えるべき価値や教えがないんでしょう。成金だからですよ。代々続く老舗《しにせ》とか、昔から裕福な家というのは、「子どもを甘やかしちゃいけない」「厳しくしつけなければならない」という家訓やその家の決まりみたいなものがある。けれど、急にお金持ちになった家というのは継ぐべき家訓がない。私たちが育った時代は日本全体が貧しくて、親は与えたくても与えることができなかったから、子どもは我慢《がまん》ということを知ったんですけれど、今のように豊かになれば、親はしっかりしないと子どもの要求に流されてしまう。

　また自分が子どもの頃にしてもらえなくて悲しい思いをしたことを子どもに与えようとするんでしょうね。でも豊かな社会だからこそ、与えすぎないよう親自身が自分をコントロールしなければいけないんです。感情をコントロールする「知恵」を持たなければいけない。それができずに愛情の垂《た》れ流しで、だらだら与えすぎているように思うんですよ。

上野　なるほど「成金」とは、あまりにわかりやすい説明で、一瞬息を呑《の》みました（笑）。

たしかにそうですね。親自身が自制心を持っていない。ご飯を食べるときにテレビを見ないとか、一緒にご飯を食べているときには携帯に出ないとか、なんでこんな基本的なしつけすらできないんだろうかと思いますから。箸《はし》の持ち方も知らない学生が増えています。小さいときに親が教えていないんですね。

坂東　団塊世代は、「自分たちが親の権威を否定したから、自分たちも親の権威を押しつけることをしてはいけない」と理屈を言いますけどね。

子どもがいやがることを教えるというのは、親にとってはエネルギーのいるつらいことなんですよ。いい顔をして「わかった、好きなことをしたら」とか「ほしいの？　いいわよ」と言っていたほうが親は楽なんだけれども、やっぱりそれは将来、子どもをつぶすことになる。社会の荒波の中で押しつぶされるような、ひ弱な人間にしかならないんだと、親はもっと知らなきゃいけない。

上野　おっしゃるとおり。たしかに学生を見ていると、幼児的というか、ひ弱になってきている気がしますね。私のサンプル調査からすると、坂東さんの子育て法は圧倒的に少数派ですよ。

坂東　人として一番基本的なこと、「自分に厳しく」とか、「他人に優しく」とか、「いやなことでも我慢してやる」とかね、そういったところを失《な》くしたら、二十一世紀という時代を生きていけるのかしらって、心配になります。

今の若い人たちは、なんでも効率的に泳ぐのが賢い生き方で、愚直に、真面目《まじめ》に働くなんてことは無駄なことで、そんなことしているといずれ負け組になるんじゃないかと考える。それこそ勝間さんみたいに上手に自分をアピールしてうまく立ち回らないと勝ち組になれないんじゃないかと思っているんでしょうね。

ただね、目立たなくても努力は自分が意識していないところで評価されているし、評価されようと思って一生懸命がんばったところでは、あまり評価されないものです。

上野　そういう体験、おありなんですか？

坂東　やっぱり組織の中で働いている場合、自分の意見を持っていると風当たりが強いですね。そこのところをちゃんと使い分けなきゃいけないのに、使い分けが上手じゃないと「こいつはわがままだ」とか「無能だ」とかっていう評価が返ってくる（笑）。

上野　その点、私の場合は、ボスのいない職業に就いて幸せだったと思う。今、大学院生は職がなくて泣いてますけれど、彼らに言うんですよ。「あなたにこの研究をやれって誰が命じた？」と。

私は、シンクタンクの仕事をしていて、他人の褌《ふんどし》で相撲を取るつらさを一応味わいましたからね。だから、「誰にも命じられずに、自分が解きたいテーマを追究していられる、そんな幸せがあるだろうか。世間にウケてもウケなくても、研究をやっているということ自体があなたのリウォード（報酬《ほうしゅう》）じゃないか。これだけボスのいない立場で、好きなことに打ち込んでいて、これ以上何を望むんだ。自分で選んだという覚悟がないんだったら、研究者なんてやるな！」って（笑）。

坂東　本当にそうだと思います。仕事であれ、本を書くことであれ、自分自身の満足感が最高の報酬です。

最大の少子化対策はジョブセキュリティ

上野　ところで家計研（家計経済研究所）のパネル調査はご覧になりました？

坂東　ええ、見ました。あれはおもしろいですよね。

上野　ものすごくおもしろいです。それにもとづいた『女性たちの平成不況―デフレで働き方・暮らしはどう変わったか』（日本経済新聞社）を上野ゼミで昨年使ったんですけれど、「女女格差《じょじょかくさ》」については、正規雇用に就いている女性のほうが結婚の確率が高く、かつ出産の確率も高いという、とてもわかりやすい研究結果が出ています。女にジョブセキュリティ（雇用保障）のある正規職を与えたほうが結婚、出産もするという「少子化問題」解消の糸口をちゃんと提示するデータがあるのに、そういう方向にはまったく政財界が動かないでしょう。

坂東　そう。それは女性だけじゃなくて、男性に対してもそうですよね。たしかにジョブセキュリティがあるほうが、婚姻率も出生率も男女とも高い。だから最大の少子化対策は、ジョブセキュリティだってことはわかっているんですよ。

上野　そう。それを言うと直《ただ》ちに、「使い捨ての非正規雇用がなくては国際競争の中で日本が生き残っていけない」という反論が経済界から出てきます。坂東さんなら、それにどう答えられますか？

坂東　総人件費を抑えなければならないとしても、安定した正規職でなら待遇《たいぐう》は必ずしもよくなくてもいいと思うんですよ。今のお給料よりも三割減というのは無理でも、二割減ぐらいでいいかもしれませんね。その代わり、不安定な仕事は報酬を高くする。

上野　現在の家族給システムという賃金体系を職務給に変えればそれもありえますが、既得権益を持った人たちにそれを手放せとは、誰も言わないでしょう。

坂東　本当はそこなんですよ。年功序列方式で高給を貰《もら》っている人たちが、ある程度諦めなくてはいけないんですよ。だから今、唯一可能性があるのは、そういう人たちの多い大企業が衰退して、平均給に近い分野の新たな産業が発達していき、結果的に全体的な格差がなくなってフラットになることだと思います。

上野　今おっしゃった説は経済学者の川口章《あきら》さんが書かれた『ジェンダー経済格差』（勁草書房）という本の主張と同じですね。差別均衡《きんこう》型の企業よりも平等均衡型の企業の利益率が高い、と。ただいっぽうの均衡から、他方の均衡に移行する道筋が見えないでしょう。両方の均衡システムの競争が日本国内で企業間競争として起きる可能性と、日本と外国の間の国際競争として起きる可能性とでは、後者のほうが高いでしょう。

坂東　そうですね、だから日本全体が衰退していくんですよ。まさに日本沈没。

上野　やっぱりそう思っておられるんですね。このあたりの予測では、完全に意見が一致しますね。

坂東　一致しますね。じゃあ、どうすればいいのかというと、「絶対これなら」

という正解はまだ見えないんですけれどね。

やっぱり一人ひとりがどこに行っても通用するような能力を身につける。語学力だけじゃなくて、技術力だとかそういったことが必要なのかなと。技術力だけじゃない、どんなに不潔なところでもいやがらないで、そこで辛抱《しんぼう》するとかね。コミュニケーションができなくてもめげないとか、いろんな逞《たくま》しさが必要になる。

上野　今の日本の状況や、私の目の前に現れるストレス耐性の弱い子どもたちを見ていると、あの子たちがハングリー精神とガッツにあふれたアジアの人々と伍《ご》していけるとはとうてい思えない。ここはもう「GDP大国」の夢は諦めて「GDP小国」になって、人口減少を受け入れて、もうちょっとまったり暮らしていくという未来図を描くしかないのかも。成長のシナリオが描けなくなった社会にふさわしい「衰退の作法」というのもあると思うんですけれど。

坂東　まったりとした緩やかな衰退はありえません。まっしぐらの衰退じゃないですか。今の日本には緩やかな再生か急激な衰退かという選択肢しか残っていない。だからこそ、わが国の五〇年後、一〇〇年後のビジョンをいかにして描くかが大事になると思うんです。

〝女性の品格〟は〝男性の品格〟と何がちがうのか

上野　最近、とくに見過ごせない問題だなと思っていることがあるんです。私たち世代が育った時代とちがって、女の子の職業の選択肢が増えたというけれど、それは競争社会に巻きこまれる自由。要するに「優勝劣敗」のネオリベ（ネオリベラリズム〈新自由主義〉の略）の原理ですね。それによって、自己決定・自己責任の原則が、女の子たちにこんなに内面化されてしまったのか、とうそ寒い思いをすることがあります。

坂東　そんなとき、「勝ち組」は言い放つわけね。「私はうまくやったわよ。悔《くや》しかったらあなたもやってみたら」って。本当にひどい社会になったなと思いますね。女性同士が支え合うとか連帯感とかいうものからは、ほど遠くなってしまっている。

上野　たしかにそうですね。

坂東　そういう意味で、女性の「男化」が進んでいると思う。「〝女性の品格〟というのは、〝男性の品格〟とどこがちがうんだ？」と聞かれるんだけれど、私が言うのは「利己的なことを少し我慢するとか、利他的な行動をするとかは男女ともに同一なんだけれど、少なくとも男のレースに参入して、競争に勝つことを女性は目指してほしくない」と。そういう気持ちはとても強いですね。

上野　女性が男と対等のレースで勝ち抜く可能性は依然として低いと思いますが、たしかに男と同じ競争に自分も対等に参加したいという気持ちは強くなっているでしょうね。で、失敗したら「あなたに能力がないから」「努力が足りないから」ということになる。

だから本当に女性同士の連帯が難しい。連帯というのは、基本的には弱者がつるむということですから。弱者はつるむ理由と必要があるからつるむ。ところが自分を弱者だと思わない人はつるむ必要がないし、つるめないでしょう。昔は、女はまとめて差別されていたから、自分を弱者だと思わざるをえなかったけれど。

自分を弱者だと認めたくない女性が増えたように思います。

坂東 そう、今だって実際には連帯する理由も必要もなくなってはいないのに、自分を弱者だと認めない女性が増えちゃった。あなたは弱者だと言っても反発されるだけだしね。

上野 そう考える女性官僚が増えたら、困りますよね。

坂東 現に増えつつありますね、きっと。女性官僚だけじゃなくてね、おそらく民間企業でも勝間さん的フリーランサーでも、数は少ないけれども「私は男性に負けないくらい有能に働きます」という女性が増えつつあると思いますよ。

上野 そうか、そういう女たちが意思決定権を握って、主流になっていくんですか。どうしましょう、困りましたねぇ(笑)。私は、フェミニズムの分岐点《ぶんき》は、女がお互いにつながって助け合えるかどうかというところだと思っています。女がパワーを持つことばかりが、フェミニズムの目標じゃなかったはずなんですが。

坂東 自立、自立ということが、最初の一つのステップだったんだけれど、自立の次はそれこそ「連帯」なんですよ。その連帯の部分が弱くなって、自立が「孤《こ》立《りつ》」になってしまい、次の一歩が踏み出せない。

上野　そう、おっしゃるとおりです。「自立」というかけ声が、かけ声どおりに成りたつのは、健康で子どもがいない間だけ。女は、どんなにエリートであっても、子どもを持ったとたん、「弱者」に転落しますよね。

坂東　そうなんですよ。子どもを持つことで、自分の弱者性を思い知らされるわけです。私がそうでした。だからこそ、女性には連帯が必要だと思うんです。

第四章

新しい老いのかたち

いつかは必ず「弱者」になる社会

上野　超高齢社会が到来しています。女性は子どもを持つことで「弱者」になる。それに加えて、超高齢社会というのは、かつてどんな強者だった人も、いつかは必ず「弱者」になるという社会でもあります。誰であれ、自分が「弱者」になることを予期したり、想像したりしないわけにはいかない社会が来ているということですね。

坂東　ええ、老いによって「弱者」になるということが予期できるんですね。昔は自分が八十、九十まで生きることはあまり想像しなかったけれど、今は多くの人が九十歳を過ぎた自分を考えているわけです。

上野　親が老いる姿を目の前で見ていますから、否応《いやおう》なしに自分の将来の姿と重ね合わせざるをえません。

坂東　それにしても、歳《とし》の重ね方も人それぞれで、ずいぶん格差がありますよね。七、八十代でもピンピンしている人もいますし。人生の最終章は、健康・体力のちがいはもちろん、人間性や人柄など、その人の人生の総決算。その段階では、もう総合力の本当の「人間力格差」が突きつけられるという気がしています。

上野　はい。老後は、人生の蓄積が背後にありますから、個人差が大きいですね。理想の最期《さいご》として、「ピンピンコロリ」と言いますけれど、そうそう希望どおりにはいきません。病気で倒れても、今の医療水準だと生命は助かる場合が多いですし。そうなれば後遺障害も残ります。

坂東　それについては、どこまで医学の力で延命をすべきか、私は大いに悩むところです。

上野　私は、介護の研究を始めてから、中途障害の方たちとずいぶんお付き合いするようになりまして……。

坂東　途中で失明した方などもいらっしゃるでしょう。

上野　そうですね、糖尿病の方は中途失明の可能性が高いですし、長生きしますと、緑内障、白内障になることも多いです。白内障は手術で治りますが、両方併発した方もいらっしゃる。脳梗塞《のうこうそく》で半身まひや言語障害の残った方もいらっしゃいます。

そういう中途障害になった方たちと接してきましたが、その方たちが一日一日を「今日も生きてて、よかった」と思って生きておられることを知りました。そんなふうに思えない時期があったとしても、死ぬほど苦しい経験をしたとしても、それをのりこえて「生きてて、よかった」と。そういう方たちとお付き合いして、人生をこんなに笑って楽しく過ごすことができるなら、「障害者になってもいいじゃないか」という気持ちになれました。そのせいで、老いに対する認識も変わりましたね。老いるというのは、誰もが中途障害者になることでもありますから。

坂東　障害があろうとなかろうと、頭がよかろうが悪かろうが、美人でもそうでなくても、生きている人はすべて、それぞれ生きていること自体に価値がある。そうは思っていても、実際に自分の体が不自由になって人のお世話を受けるようになっても強く生きていけるかどうか、今の自分ではわからないですね。

上野　「死ぬに死に切れない」社会、超高齢社会がきて、私は本当によかったと思っているんですよ。男の気持ちを変えるためには、これしかないだろうと。「強者」として君臨してきた彼らにも「弱者」になる運命が待っていますから。

坂東　でも、「弱者」の期間が長くなると、本人もつらいと思うんですよ。

上野　つらいと思いますよ。つらいと思うけれども、「弱者」の存在に想像が及ぶようになりますから。

私は、介護業界の方たちとのお付き合いも増えたんですね。介護業界の方たちって、本当に気持ちの優しい方がたくさんおられる。それを見ていると、この国も捨てたもんじゃないと思えます。

たとえば重度の脳梗塞で寝たきりの母親を、八年間支えぬいた母ひとり娘ひとりの女性を知っていますが、その方はまわり中からボランティアを募《つの》って、集めた三三人でチームを組んで、入れ替わり立ち替わり母親の介護をしてきたんです。その介護した人たちの「交換日記」みたいな記録が「パッチンして！　おばあちゃん」というアニメになりました。原作になっているのが関丕《ひろ》さんの『光のなかの生と死』(朝日新聞社)です。それがとても感動的な話で、医者が「このおばあさんは植物状態だ」って宣告したのを、ボランティアさんたちが声かけで、甦《よみがえ》らせたんです。声をかけると、おばあちゃんはまばたきで反応するようになり、冗談を言うと笑うようにまでなりました。ボランティアの人たちはそのおばあちゃんを介護しながら「おばあちゃんがこんなに一生懸命生きているのに、私が生きるのをサボって、申し訳ない」と記録に綴《つづ》ったりしているんですよ。

坂東　そこまでいくと、もう哲学というより宗教の世界じゃないかな、って気がしますね。命を与えられた生として受け止める強さに感動させられる。

上野　そう。介護したボランティアの人たちは、おばあちゃんとはアカの他人です。私がうれしいのは、他人の介護をちゃんと支えている人たちがいるということ。そして以前とはちがって今では、そういう人たちがまがりなりにも介護保険のおかげで生活できているということ。この二つの条件が、誰もが「弱者」になる社会を構築するために、大事なことだと思います。だから介護保険ができて本当によかった、と私は思っているんです。

　私のいちばん新しい研究テーマは「在宅ひとり死は可能か」というものです。ひとりで生きてきたんだから、ひとりで死んでいってもいいじゃないか、って。

坂東　今後いちばんありうるのは、在宅といっても一戸建ての人里離れた在宅じゃなくて、集合住宅やケアハウスのような在宅ひとり死じゃないかなと思います。

上野　どちらもあり、ですね。

坂東　人里離れた場所の一戸建てで、在宅は介護サービスを確保するのは難しいんじゃないかな。

上野　別に人里離れなくても、都内にだって一戸建てはいっぱいありますよ。

坂東　ええ。ですが、そのサービスをデリバリーするのに、ある程度便利なところならば在宅は可能だけれど、そうしたサービスを届けるのが難しいような地域もあるわけです。

上野　もちろん、そうです。過疎地域で移動コストが掛かるところなどは大変です。その点、人口集積の大きい都市部はかえっていいかも。最近は、在宅ターミナルケアを実践している医者の往診同行調査をやっています。

坂東　最後まで在宅でターミナルケアする人たちは、今、どれくらいいるのでしょうか。少ないでしょう。

上野　在宅死は一三パーセントぐらいです。病院死が八〇パーセント、施設死が五パーセントぐらいで、徐々に増えています。

坂東　意外と施設死が少ないんですね。

上野　施設でターミナルケアまでやっているところはまだ少なくて、だいたい医療系法人と提携しているので、最後は病院に担ぎこむんです。最近ようやく「施設死」が増えてきましたが、「施設死」は、施設にとって負担が増えるだけで利益にならないので、施設で看《み》取《と》りまで実践するのは、どちらかというと心ある施設でした。最近では看取り加算がつくようになりましたが。

坂東　そうですか。ただ、いつ自分にお迎えが来るかと思っているような、八十代、九十代の方々の老後の時間が非常に長くなってきていますからね。

上野　そうなんです。介護現場の人たちを見ていて本当に尊敬できるのは、「この人たちはいつお迎えが来てもいい年齢の人たちだけれども、お迎えが来るまではしっかり生きていただくのが私たちの仕事です」っておっしゃりながら、お世話しておられることですね。

「老・障・幼」統合の保険システム

坂東 ともあれ、まずは五〇年後、一〇〇年後の生活のビジョンを考えることが今求められていますね。

上野 そうですね。私たちが生きていなくても子どもや孫たちが生きていますからね。あと二、三〇年ぐらいたったら、私たちは要介護高齢者になっている可能性が高いでしょう。

坂東 七十五歳ぐらいでもまだ働いているという人が、今よりも増えているかもしれませんね。

上野 働く希望のある人は多いけれど、高齢者向けの労働市場はどうなっているでしょうかねえ。

坂東　それをつくらなきゃいけないんですよ。

上野　そういうエイジズム（年齢差別）のない労働市場をつくろうと思ったら、新卒一括採用や年功序列給などの雇用システムを、大幅に変えなくてはいけないでしょう。

坂東　新しい働く場というのは企業のかたちではなく、たとえば農業法人をもっとつくるといったことです。農業法人として、六、七十代の人を雇《やと》う。年金の足しになる程度のお給料しか出せないかもしれない。でも、働く場があるというのは大きいと思います。もちろん、いきなり農業経営者になれなんていうのは無理ですから、これから必要になるのは雇われて働く場ですよ。

上野　若者とお年寄りがともに参入する場をつくるということですね。

私は、この一〇年間介護の研究にシフトしてくる中で、福祉ビジネスを起業した女の人たちと草の根で共同研究を続けてきました。自分たちで起業すると何がいいかと言うと、まず定年がない。そしてボスがいない。自分が働きたいと思う間は働けます。その人たちがビジネスチャンスを持つことができたのは、介護保険のおかげです。

坂東　介護保険によって、そうした介護ビジネスがこれだけ増えたように、私は「育児保険」というアイデアをぜひ実現させたい。新しい育児ビジネスも出てくると思いますから。

上野　私には、もうちょっと欲があります。それは、ニーズが発生したときは、いつでも、どこでも、誰でも何歳でも、サービスが受けられる「老《ろう》・障《しょう》・幼《よう》」統合のサービスの実現です。

「要介護5」の判定は、ADL（日常生活動作）の判定によっていますから、寝たきり、排《はい》せつが自分でできない、寝返りが自力でできないことが条件。だから、新生児も「要介護5」に当たるんですね。そこで、ゼロ歳児を「要育児5」にしておく。子どもが成長するにつれて、要育児度の判定も下がっていくしくみです。もし仮に子どもが障害を持っていたら、年齢が上がっても要育児度が下がらないままで、ニーズに応じたサービスがずっと続くようにする。たとえば、さらに

「要育児度」や「要介護度」などの概念を統合し、そこに体重係数を掛けて判定するということも必要だと思います。

坂東　体重係数ですか？

上野　お年寄りの介護をする場合、体重が重いと腰にくるんですよね。介護は体重との闘いだ、とまで言われるくらいです。赤ん坊は軽いから、体重係数を掛ける。これで一元的な制度をつくれば、「老・障・幼」を統合した保険システムができるんじゃないかなと。

坂東　それもありますが、「育児保険」は介護保険とドッキングして「育児・介護保険」にして、二十歳から保険料を払う。そうしておけば、子どもを持った、わりと早いうちからそのリターンがくる。六、七十歳になるまでリターンがこない介護保険とはちがって、先が見えるから納付に納得しやすいでしょう。

上野　坂東さんのご意見と限りなく近いですが、そこに障害者も入れたらよいでしょう。

坂東　介護保険は四十歳以上の障害者も対象となっていますから、それを広げる。

いっぽうで、いろいろなNPOや企業に、ビジネスチャンスを与えるというしくみも必要ですね。

上野　介護保険がすごくよかった点は、自治体がサービスを提供しないで、アウトソーシングするというシステムだったところです。ですから、保険の制度をつくったうえで、サービスをアウトソーシングしてビジネスチャンスを増やすというのは、すごくいいアイデアですね。介護保険もそれで、雨後の筍《たけのこ》のごとく女性の起業が増えましたから。

坂東　そうですね。介護に関してだけは、NPOもちゃんとお給料が払えるんですよ、お給料も払えないNPOが多い中で。私は教育も「教育保険」制度にして、国立だ、公立だ、私立だ、なんて言わないで、いろいろな人が参入してさまざまな新しいサービスを提供すればいいと思いますね。

上野　そうすると、公立の学校が競争に参入することになっていいかもしれません。

坂東　それで来てくれる生徒の数によって補助金がいくようにする、と。今のシステムだと、公立はすべてが手厚く保護されていて、私立への補助は本当に寂しいので。そうすれば、需要次第で、フリースクールや引きこもりの人のための特別な教育といった、さまざまなケースに対応するサービスも成立できるんじゃないかと思いますね。

やっぱり楽して収入を得ようというのは、まちがい。工夫して、頭を使って、体を使ってね、収入を確保しなければダメだと思いますよ。

上野　働けないことがわかっている場合は別にして。

これまでお話に出てきたようなシミュレーションは、すでに行われていて、解《かい》は出ています。処方箋《しょほうせん》やアイデアもとっくにあります。でも、そこにいたる道筋が見えないんですね。

坂東　そうです。いろいろな人の利害や団体の既得権益があるから、なかなか進まなくて諦《あきら》めてしまうんですよ。やっぱり小さな範囲で少しずつやっていくしかないんでしょうね。

上野　日本でさまざまな意識調査を行うと、六割ぐらいの人が、安心できる保障のためなら今よりも大きい負担に応じてもいいと言っているんですね。そこで、ネックになっているのが、これまでは政治に対する不信感だと言われてきました。そして、不信感を払拭《ふっしょく》するために自民党から民主党への政権交代が起きたわけですが、政治への信頼はいっこうに回復していません。

「上野さんの死にざまを見届けたい」

坂東　実際、団塊の世代はすでに六十代半ばです。高齢社会の大勢力ですよ。その世代がこれからは、もう自分の好きなことをしていいんだ、という生活を送ろうと思えば送れるのですが、それはお天道《てんとう》さまに申し訳ない。少なくともあと二〇年は健康ならばお金にならなくても、世の中のためになる活動をするというふうに生き方が変えられないものだろうか、と考えますね。これからの日本には、それが一番重要じゃないかと思うんです。

上野　ええ、社会的な活動をやっている人は、もっと早い時期からもうすでに実践していますしね。

坂東　そうですね。一番の問題は大企業の中間管理職だったような人たち。そこそこの年金はあるし、お金の心配はないから老後は旅行や趣味に勤《いそ》しんでというようなことを夢見ているんじゃないかな。

渡辺淳一《じゅんいち》さんの小説『孤舟《こしゅう》』（集英社）を読んだんですよ。会社人間だった男性が定年退職したらどうなるかということが書かれているんですが、今どきこんな男性がいるのかなと思うぐらい古典的な男性が描かれていました。自分が家にいるのに、奥さんが出て行くのが気に入らんとか、お茶を淹《い》れてくれない、ご飯をお給仕してくれないとか、ブツブツ言っているようなことがめんめんと書いてあるの。それに共感する男性がすごく多いんです。ベストセラーですから（笑）。

上野　「日本経済新聞」の読者とかですね（笑）。そんなことグダグダ言っていられるような時代じゃや、もうなくなっているのにね。少なくとも団塊世代から動き出さないと、超高齢社会は本当に行き詰まってしまう。前期高齢期ぐらい、自分が健康で元気な間は社会貢献をしてほしいし、できるだろうと思いますよ。

坂東　渡辺淳一さんの小説じゃないけれど、六十代は妻に世話してもらって当然だと思っている男はけっこういるんですよ。

上野　そういう人たちをどうしましょう（笑）。

坂東　先ほども話が出ましたが、NPOで雇うとか、あるいは新たな労働市場をつくる。働く場がないと男女とも腐《くさ》っていきます。人のためになる仕事こそ、生きる活力になるんです。

上野　その人たちは年金を十分に貰《もら》っているから、働く必要なんて見出《みいだ》せないのではないかしら。

坂東　そうなんです。だから年金を遊興費には出さない。働いている人にだけ年金を出すとか（笑）。

上野　本当にそうですよね（笑）。インドでいう人生最終段階の「遊行期《ゆぎょうき》」は、最後は野垂《のた》れ死にですよ。だけど今は、かんたんに野垂れ死にはできないような社会になっちゃっていますから。そうなるとこれからは、自分がいよいよひとさまのお世話を受けなければいけなくなったときに、つまり自分がほんものの「弱者」になったときに、どういうふうな人生の閉じ方をするかというところまで、射程に入れないといけなくなっちゃったんですね。
坂東「情けは人のためならず」でね。そういう自分の人生を見据えて、今できることをやらなければいけないということを、声を大にして言います。マスコミの人たち、あるいは私たちも含めて、いろいろな場で情報を共有していかなければいけませんね。
上野 坂東さんはこれだけ世のため、人のために尽くしてこられたんだから、安心してひとさまのお世話を受けられてもいいじゃありませんか。
坂東 それは、もうちょっと先であってほしい（笑）。できれば八十代も元気で活動していたいと夢みています。
上野 人間、予定どおりというわけにはなかなかいかないものですけれど。
私は「上野さんの死にざまを見届けたい」と若い読者から言われています、こわいですね（笑）。

おわりに

坂東眞理子さんとわたしとは、同じく富山県出身の同世代人。どちらもベストセラー・ライターだからか、何かとふたり並べてくらべられることが多い。

坂東さんは国家公務員から出発して、結婚して出産し、夫も子どももしごともある勝ち組。それにくらべてわたしは長いプータロー生活のあと研究職についたが、夫なし、子なしの「負け犬」。坂東さんはご存じのように『女性の品格』（PHP研究所）を初めとした『品格』シリーズの著者で、この本は三五〇万部を売り上げた。他方、わたしは『おひとりさまの老後』を初めとした『おひとりさま』シリーズ（文春文庫、他）の著者。わたしの本もベストセラーになったが、一〇〇万部に達するミリオンセラーには及ばなかった。わたしには、なぜだかその理由がわかる。上野には品格が足りないから、である（笑）。なにしろわたしは下ネタでひんしゅくを買った学者である。もともと品格がないことは自覚している。

坂東さんは政界官界のオモテ舞台を歩んできた女性で、わたしは学問の世界で、もともと民間学から出発した女性学というマイナーな研究領域を切り拓いてきた。共通点と言えば、フェミニズムの波を同時代に浴び、女性の歴史的な変貌《へんぼう》に立ち会い、あまつさえそれを促進する立場に立ったこと。坂東さんは官の立場から、わたしは民の立場から、同じ社会的な変動にかかわった。

共通点のある女をふたりくらべればそのあいだに、対照性を見いだすのが世のつね。坂東さんとわたしは互いにちがいすぎて接点がないだろう、と世間のひとが思っているらしいことは知っていた。「坂東さんと対談ですって？　えーっ」とおどろくひとが周囲には多かった。たぶん坂東さんの側でも「えっ、あの上野さんと対談⁉」って反応するひとが多かったんじゃないだろうか。その坂東さんと上野との組み合わせをおもいついた、大胆な編集者がいた。潮《うしお》出版社の森田順子《じゅんこ》さんである。

わたしのほうでは、会って話せばかならず話が合うひとだろうと確信していた。実はわたしは、坂東さんに何度かお目にかかったことがある。一度は八〇年代後半、ニューヨークのジャパン・ソサエティ主催の講演会の場だった。坂東さんやわたしを含む何人かのスピーカーが「日本の女性」について話したのだが、かならずしも英語がお上手とはいえない（失礼！）坂東さんが、その話しっぷりで英語圏の聴衆をすっかり引きこんだのにはおどろいた。伝えたい、という意欲さえあれば、少々語学ができなくたって伝わるものは伝わるんだ、というお手本のようなスピーチだった。あれからオーストラリアの日本領事館の領事なども経験されて、坂東さんの英語力は当時よりもっと磨《みが》きがかかっていることだろうが。

それ以前から総理府の女性官僚で日本初の『婦人白書』（当時。後の『女性白書』）の著者、としての坂東さんの評判は、耳にしていた。ときどきニアミスする坂東さんの発言は、役人らしからぬ肉声にあふれていて、このひとはおクニのカンバンをはずしたらもっと自由に忌憚《きたん》なく発言なさる方だろうなあ、と思っていたら、そのとおりになった。

本書の対談ゲラを読み返して、へええ、とじぶんでもおどろいた発見がある。びっくりするほど「でも」「とはいっても」という相手を否定する接続詞が少なく、その反対に「ええ」「そのとおり」「なるほど」「やっぱり」という相の手がたくさん入っている。しかもひとつひとつの発言が長い演説にならず、短い質問やその答のやりとりがかみあって、互いに対話が成りたっている。これはうまくいった対談のしるしである。わるいけど、男同士の対談で、こんなふうにかみあったものはめったに見たことがない。

わかったのは坂東さんもわたしも、日本の社会と女の変貌について、同じ現実を見ていること、そしてふたりともリアリストだということだ。それだけでなく、今回の対談をつうじて、坂東さんの職業人として、組織人として、母親として、教育者としての姿勢に、尊敬の気持ちはつよまった。

ほかの誰もが思いつかなかったこの対談の組み合わせを思いついてくれた森田

さん、ありがとう。そして女の困難は少しもなくなっていないけど、この本を読んだ読者のあなたに、坂東さんやわたしの世代の女たちの経験が少しでもエールになるといいと思う。何より富山生まれのふたりの女の共通点は、ふりかえって前例のない経験をいくつも切り拓いてきて、あー、たのしかった、この時代に生きてきてよかった、と言える、その前向きの楽天性にあるのだから。

「三・一一」の歴史的な大震災のあとに、この本を世に送り出すことにかくべつの感慨がある。壊滅的な空襲のあとも、原爆のあとも、あてにならないおクニを頼らず、復興のために歯をくいしばってはたらいたのは女たちだった。女は弱者だ。弱者だからこそ、助け合い、分かち合うことの意味をよーく知っている。

坂東さんは官職を去っても世間のお役に立とうとしておられるし、わたしは勤務先の東京大学をやめたが、四〇年をかけてやってきた女のネットワーキングを今度はウェブ上で展開しようと、新しいＮＰＯ事業にのりだした。女をつなぐポータルサイト、ＷＡＮことウィメンズ・アクション・ネットワークという。

樋口恵子《ひぐちけいこ》さんのいう「人生100年時代」、ポスト還暦《かんれき》のわたしたちには超高齢社会を生き抜くという挑戦が待っている。

WANホームページ http://wan.or.jp

二〇一一年四月　上野千鶴子

文庫版特別付録

「三・一一」後の日本を見つめて

安倍政権は「男の一代主義」の典型

上野　前回、この本の対談で坂東さんとお目にかかったのが「三・一一」の前でしたから、あれから三年が経《た》ちました。「三・一一」は大きな犠牲を払いましたから、日本は教訓を学ばなくてはいけない、日本は変わらなくちゃ、といろんな人が思ったと思うんです。ところがその後再び政権が交代して自民党が政権に復帰、なんと原発再稼働内閣ができてしまい、どうも将来の見通しは暗い感じです。この三年間の変化を坂東さんはどう思われますか。

坂東　大震災の後は、絆《きずな》とか助け合いとか、日本人の美質というか、いい側面を浮かび上がらせたとも思うんですが、そうした天災の「三・一一」と福島の「三・一一」は質が明らかに違いますよね。福島のほうは明らかに人災です。そしてその福島の人災は、日本社会、経済のシステムのいろいろな問題点を浮かび上がらせましたよね。

上野 あれほど大きな人災を起こしたのは男たちだから、もう男には任せておけないという趣旨から、『ニッポンが変わる、女が変える』（中央公論新社）という本で、石牟礼道子《いしむれみちこ》さん、澤地久枝《さわちひさえ》さん、髙村薫《たかむらかおる》さん、林文子《はやしふみこ》さんといった一二人の尊敬する女性たちと対談をしたんですが、その方たちがペシミスティックなんですよ。

坂東 日本はどんどん悪くなるというご意見なんですね。

上野 そうなんです。口を揃《そろ》えて「福島はくりかえします」とおっしゃる。「このままだと、第二、第三の福島がまた来ます」と。

坂東 今の震災対策を見ていると、その方たちがペシミスティックなお気持ちになるのはわかりますね。彼らがやっているのは、復興よりも復旧なんですよ。今、日本の財政が厳しい中で、政府はもう借金をして公共事業はできないというのは、みんなわかっていたはずなのに、大震災によっていい口実ができたとばかりに、防災だの減災だのと効果の検証もなしにジャブジャブ予算をつけています。

上野　借金をするいい口実ができましたからね。ですが、ツケの先送りです。アベノミクスは、「日本の信用力を担保にした大ばくち」だと思います。ばくちに負けたら、そのツケは全部次の世代に行くでしょう。フェミニズムの大先輩の森《もり》崎和江《さきかずえ》さんが、うまいことをおっしゃいました。男は「一代主義」だというんです。自分の目の黒いうちしか見ていない、と。

坂東　男の人は、孫の代のことまでは考えない。

上野　ええ。自分たちの目の黒いうちだけうまくいけば、あとは逃げ切る、というね。アベノミクスを見ていて、森崎さんのいう男の一代主義というのは、まさにこれに当たると思いました。

坂東　日銀の金融緩和、異次元緩和でたしかに円は安くなって、それが株価を跳ね上がらせたんですが、円が安くなったら輸出が増えるという議論はまったく実現しなかったんですね。むしろ貿易赤字で、今や経常黒字も縮小している。これが続いたら本当にあっという間に……。

上野　双子の赤字になってしまい、国債暴落になりかねません。そうなれば日本の信用力はガタ落ちです。

勘違いだらけの「女性の活用」

上野　とまあ、嘆いてばかりいても仕方がないので、アベノミクスの下で女はどうなるかという話をしましょう。安倍さんはもともと保守的な家族観、国家観の持ち主で、女は女らしくしていろと思っている人のようですが、なぜか突然「女性の活用」を言い出し、女性にすり寄るようなことを積極的にやり出しましたね。

坂東　本当に、なぜだろうとみんなが思っていることですよね。一つには外圧があるでしょうね。IMF専務理事のラガルドさんや米国務長官（当時）のクリントンさんが、日本はもっと女性を活用すれば、九パーセントなり一五パーセントなり、GDPが上がるはずだよということをおっしゃった。あるいは世界経済フォーラムですとか、UNDP（国連開発計画）といった「外」から、日本の女性は遅れている、活用されていないという情報が降り注いだことも、そう思わせた要因なのかなと思います。

上野　外圧のせいばかりではないでしょう。ネオリベ（新自由主義）とネオコン（新保守主義）はもともと仲良しで、小泉さんは靖国に参拝しながらフェモクラット（フェミニスト官僚）を登用しました。今の安倍政権も、男女共同参画行政の課題として、「２０２０３０」を推進しようとしています。

坂東「２０２０３０」は、二〇〇三年に自民党政権下でつくった目標で、二〇二〇年までにあらゆる分野で指導的地位の女性の割合を三〇パーセントにするというもので、小泉内閣当時に閣議決定したんですよね。

上野　二〇二〇年といえば次回の東京オリンピック開催予定の年。あと六年しかない！　オリンピックの準備はできても、こちらのほうは達成できるとはとても思えません。一般にネオリベは女性を戦力化することには大変積極的ですね。人口構造がこれだけ少子化したのに、外国人移民を導入するつもりのない日本では、女性は日本の最後の資源、寝た子をたたき起こしても使いたい労働力だからです。

だから、「２０２０３０」に彼らが積極的なのは根拠があるでしょう。ただ、使い方が完全に間違っていると思いますが。

坂東　日本の女性政策っていうのは、北欧とくらべてみると、メインターゲットは少子化対策だったのですよ。とにかく子どもを産んでほしかった。だから育児休業もつくった、待機児童ゼロ作戦も推進する。少子化対策については保守的な政治家も応援してくれたんですよ。ところが、女性の機会均等とか能力発揮とかということについては二の次だったんですね。

北欧の場合は、女性たちに社会を支えてもらわなければいけないので、育児や介護など、女性に過大な負担を強いている部分を社会保障で応援しましょうと。つまり、日本とは、目的と手段が逆なんですよね。

少子化については育児休業法もどんどん改正されて、初めは無給でスタートしていたのが、今度は育児休業給付金がお給料の六七パーセントにまで改正されるんですよ。そして六歳までの短時間勤務も可能に。これは正社員の場合ですけれども、ね。こうした子育て支援の充実にくらべ、機会均等は熱心ではなかった。

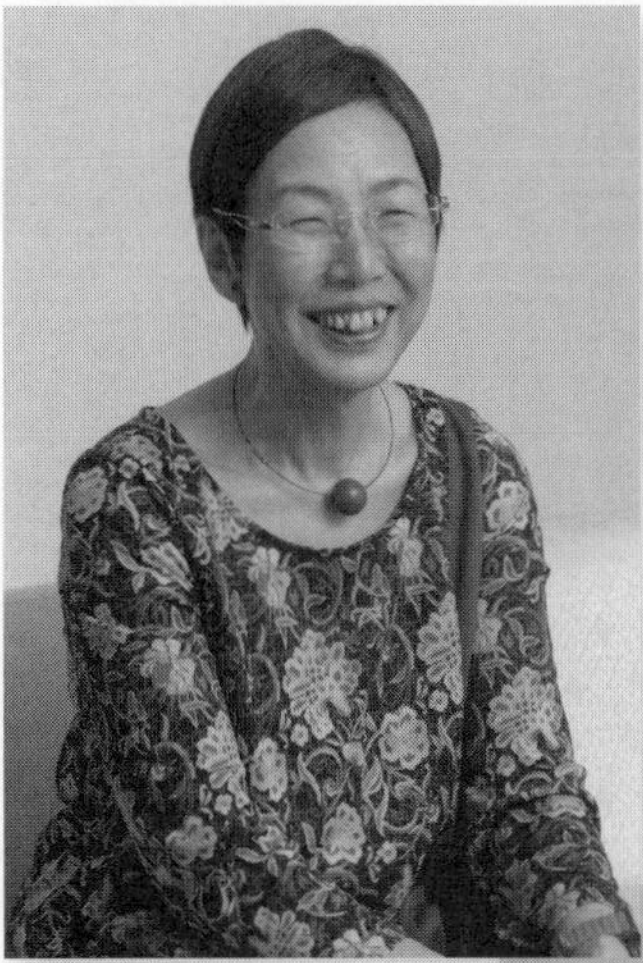

Chizuko Ueno

Mariko Bando

上野　安倍首相の口から「三年抱っこし放題育休」が出てきたときは、あぜんとしましたね。あれは、待機児童をなくしてほしいという切実な要望に対して、コストのかかる〇〜三歳児までの保育を拡充するつもりはない、と言っているのと同じことですよ。

坂東　評判が悪いのですぐに撤回なさったでしょう。

上野「女性の活用」路線で、最初に登場した女性手帳も、あまりの評判の悪さに撤回しましたね。早く子どもを産んでもらおうと、十代の女性から配布しようとしたんですが、「産みたくても産める状況にないのに、見当違いも甚《はなは》だしい」と総スカンでした。

坂東　猛烈な女性たちからの抗議の声が上がると引っ込める。その点は現実的です。

上野　そのくせ、集団安全保障をめぐる九条改正とか解釈改憲は強引に進めようとしていますし、特定秘密保護法は猛反対を押し切って成立させましたね。そこは、安倍さんは筋金入りの保守なんでしょう。女性については、自分の本丸じゃないから、進言を受け入れる余地があるのでしょうか。

坂東　そうなんでしょうね。「202030」が出た二〇〇三年のときに、私は内閣府で局長（男女共同参画）をしていて当事者だったので、「女性の人材がいないじゃないか、能力のない女まで登用するのか」と、すごいバッシングの中で、「まだ十七年あります。十年かけて育てれば、女性でも力を持った人がどんどん出てきますよ」と言って説得したんですけれども、今や、あと六年ですから、かなり厳しいです。

上野　坂東さんはそうおっしゃいますが、もし私だったら、「女性の人材がいないじゃないか」と言う人には、「あんたの目は節穴か」と言い返しますよ（笑）。

坂東　組織の中で昇進するような女性が出てくるのが難しい、というような意味ですけどね。

上野　はい。坂東さんもそういう男たちの中で働いていらして、ご苦労なさったと思います。

坂東　現在は少しずつ、増えてきています。人事院総裁や厚生労働次官、文部科学省審議官に女性が、とか、総理秘書官に初めての女性とか……昔は考えられないことです。

上野　どうでしょうか。自民党が政調会長に女を登用するとか、ああいう「女性の活用」をどう見ておられます？

坂東　政治的に雰囲気を変えるには大変効果があるので、やったほうがいいです。むしろ、なぜ民主党はやらなかったのか、ですよね。民主党に女性たちは期待したんですよ、世の中変わるだろうと。ところが民主党は女性の問題に関しては、本当に残念ながら見るべき政策は打ち出さなかった。

上野　民主党は女性問題にとても感度が悪かったですね。福島瑞穂《ふくしまみずほ》さんや小宮山《こみやま》洋子《ようこ》さんが入閣して、女性のために何かやってくれるかと一時期期待しました。政権が変わったとき、何の予算措置もなくてもただちに変化を実感できる政策がある、それが長いあいだ懸案だった選択的夫婦別姓制度を含む民法改正だと思いましたが、それも、全部津波で押し流されてしまった感じですね。男女平等を推進するためにはナショナル・マシーナリーが必要だとよく言われますが、韓国にあるような女性省とか、それに当たるものがそもそも日本にはありませんから。

坂東　ないですね。それから男女共同参画会議もほとんど開いていないようですね。

上野　ほとんどリップサービスだけで女性の活用と言っているのでしょうか？

坂東　女性を登用するほうは、世論に対するインパクトもあるので、現実に行っていらっしゃいます。

二極分解している女性の雇用

上野　私が、女性の活用法を間違っているというのは、政治家が何を言うかにかかわらず、現実を見ての判定です。九〇年代からこの方、不況になって以降の女性の雇用の動向を見ると、二極分解しています。正規雇用の総合職は減っていない。もともと少なかったんですが、どちらかといえばじわじわと増えている。正規雇用の総合職に限ると、男女賃金格差は相対的に縮まりました。ところが一般職が解体して、代わって非正規雇用がものすごい勢いで増えています。

坂東　そうなんです。非正規が今増えているんです。女性と若者です。

上野　データを見ると、今、労働者のおよそ四割が非正規、非正規の七割が女、女性労働者の六割が非正規。しかも新卒女性の五割近くが初職から非正規です。運よく正社員になったとしても、企業のブラック企業化が進んでいる今、働き続けたければ母親になれず、母親になれば働き続けることができない、というのが現状です。

坂東　規制緩和論者は、今までは正社員に対する保護が手厚過ぎたので雇用が減っていたけれど、非正社員の雇用が増えたことで働く人が増えているのはいいことだと言います。

上野　北欧にも短時間労働者がいて、労働が柔軟だから子育てができるという状況がありますが、日本は賃金格差がひどすぎる。

坂東　そう、それが一番の問題なんですよ。

上野　私はネオリベが女性を活用したいと思っているのはウソじゃない、本気だと思っています。でも、活用の仕方が間違っている。というのは、能力のある女はとことん使い倒す。そうじゃない女は景気の安全弁という使い捨ての労働力にするという、二極分解しているからです。これが「女性の活用」の実態です。

女性総合職は大企業で採用の二割近くまでは増えてきました。その総合職の女性たちが今、勤続十年目ぐらいで出産・育児期に入ってきています。その人たちを見ると、すごく恵まれた条件なのに、離職率が思ったより高い。私が危惧《きぐ》するのは、その人たちの中からさまざまな恵まれた条件のもとに仕事を継続できる女性が生き残って、「２０３０」を達成した場合に、がんばれば女もできるじゃないかというお手本にされたら困るということです。

坂東　労働条件を横軸、男女均等度を縦軸にとった図表で、四パターンの女性の働き方が見えてきます。労働条件もよくて、均等度も高い。これが一番あらまほしき姿で「いきいき」型。均等度は高いけれども、労働条件が悪い職場で、特に外資系の総合職のようなところは「くたくた」型。大企業製造業とか、公的な団体といった、労働条件は恵まれているけれど、均等度は低いというところは「のんびり」型。そして、均等度も労働条件もひどい、こき使われるだけの「伝統」型。まさにブラック企業で働いている人たちですよね。

上野　このキャリアコースのパターン分類のなかで、非正規でも正社員でもこきつかわれる「伝統」型はもちろん問題ですが、いわゆる「いきいき」型に分類された女性たちが出産後にそこから脱落してマミー・トラック（仕事と子育ての両立はできるものの、昇進・昇格とは縁遠い母親向けコース）にはまって、そこから脱けだせないケースが増えています。総合職で採用された女性たちが、比較的福利厚生のよい大企業でマミー・トラックに塩漬けになっちゃう傾向があります。

坂東　私は、「くたくた」型から、「やっぱり無理することないや」と、のんびりできる「マミー・トラック」型に行く人がいてもいいと思います。それも選択肢です。

上野　それもありですが、マミー・トラックの問題は、片道通行で、元のコースへ戻れないことです。

坂東　私は、マミー・トラックだろうが雇用が保障されて、そこそこの労働条件

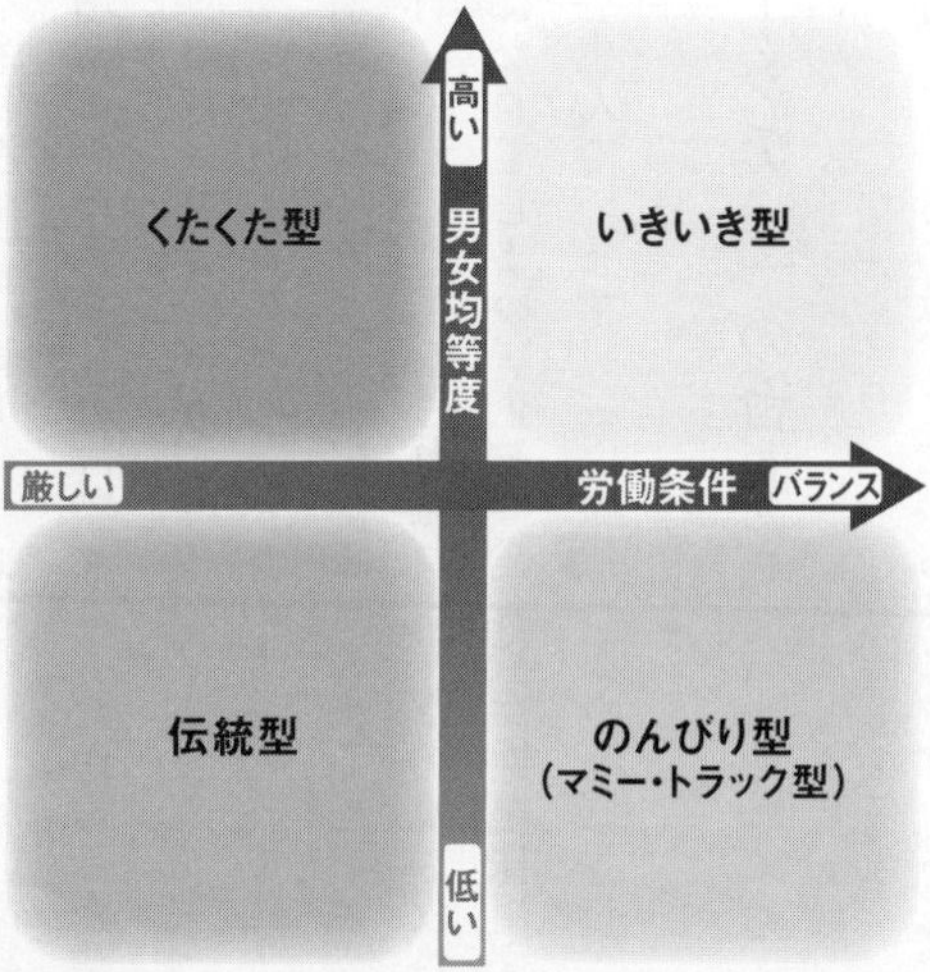
高い
男女均等度
低い
くたくた型
いきいき型
厳しい
労働条件
バランス
伝統型
のんびり型
（マミー・トラック型）

があるならば、じっくり勤続していくというのは女性一人ひとりにとっては賢い戦略だと思います。採用されないよりずっといい。しかし企業にとってはのんびり勤続する女性が増えるのは悪夢なわけですよ。だから今企業は、やっぱり女性は正社員として採用しないに限るなんて言い出しているんですよ。

上野　前の対談でも、それも女のサバイバルの方法だって二人で話し合いましたよね。それがもう有効でなくなってきている。だから総合職がマミー・トラックの塩漬け状態に移行するか、さもなければプライドの高い女性たちは離職を選ぶという、どちらかになってしまい、企業は総合職女性を採用することに及び腰になる、という結果を生んでいます。

「ひとりダイバーシティ」の台頭を

坂東　私がいま期待しているのは、ここからスピンアウトした人たちが、自分自身の主《あるじ》として社会的企業とか、小さなビジネスでいいんだけれどもオーナーになるということ。それを応援したいと思っているんです。

上野　それを私は「ひとりダイバーシティ（多様性）」と名付けて、マルチプルインカム（複数の収入源）をめざしてセルフエンプロイド（自営業者、起業者）でやっていくことを勧めています。

坂東　その点では私と上野さんはとても似ていますよね。

上野　坂東さんとは、お互いに違うところからアプローチしながら、着地点がとても似ていて、そこが共感できますね。でもこれははっきり言って、労働市場で相対的に不利な立場にある人の起死回生の策なんですよ。万人が採用できる戦略じゃないですね。

坂東　本人のエネルギーが不可欠です。そのうえでプロフェッショナルサポートも必要だし、融資も必要だし、これを育てるためには座して待っていちゃいけないと思って、昭和女子大も少し応援するしくみをつくろうとしているんですよ。起業するにしても、専門的な知識も人脈もなければ、失敗するに決まっていますよね。だからそのための準備というか、武装をしなきゃいけない。

上野　具体的にはどんな支援をなさるんですか。

坂東　一応、専門的な組織行動学だとかキャッシュ・フローのコントロールだとか、そういういわゆる経営学の知識のほかに、一年間インキュベーション（起業支援）のスペースを提供しましょうということです。それから信用金庫のような、弱小、零細な企業を育てている中小の金融機関がありますから、そこにもつないで活路を見いだしたい。メガバンクは相手にしないかもしれないけれど、そういうところとタイアップして応援します。

上野　昭和女子大としておやりになるのなら、対象は卒業生ですか？

坂東　いや、まったくオープンです。今年（二〇一四年）の五月からスタートで、キャリアカレッジ起業家養成コースとして募集をしました。

上野　ああ、なるほど、「キャリア」の中に起業という選択肢も含めたわけですね。それはすごく前向きなプロジェクトですね。古市憲寿《ふるいちのりとし》君という若い社会学者が、若者の起業の研究をやっていて、銘柄大学出身でブランド企業に就職できる労働市場で有利な人材は起業しない。起業というものは、相対的に不利な立場に置かれた人たちがやると、結論づけています。

坂東　起死回生策ね、だからこそ女性に向くんですよ。本命・主流の人はリスクを冒す必要はない。日本の企業がそういう安定志向のぬくぬくの若者たちによって支えられるようになったら、もう世界的な変化に追い付いていけないですよ、競争に完全に敗れていきますよ。

上野　はい、国際競争には勝てません。

坂東　毀誉褒貶《きよほうへん》はあるけれども、新しい起業家が新しい分野で仕事をつくっていかなきゃダメなんだと思いますよ。銘柄大学の卒業ではない、あまり将来を保障されていない人たちが、どんどんチャレンジするしかない。女性はもともと手にしているものが少ない、失うものがないんだから、チャレンジしたらいいんですよ。

上野　ええ。資金力もノウハウもないうえに、労働市場で不利な立場に追い詰められた女性たちが、起死回生の思いで始めた労働集約型産業がケア系の事業所なんですよ。これには中高年の女性がたくさん参入しています。

坂東　介護保険のおかげで、一応はビジネスになっているんですよね。新しい分野が開けたことは、評価すべきだと思いますよ。

上野　ＩＴ系の事業を始めた女性たちは、出産がきっかけのケースが多いですね。ＩＴなら在宅でも仕事ができますから。こんなんじゃやっていられないというので、企業の中から飛び出して起業しています。

坂東　自分が今、何ができるかを見極めてやっていくしかないですね。そこで新しい途《みち》を開くべきで、既存の大企業にしがみついているオヤジさんと椅子《いす》取り競争するより生産的です。

上野　坂東さんが昭和女子大に起業家養成コースをつくられたのは、ものすごく前向きで積極的でよいと思いますが、裏を返せば、もう現状の企業の雇用に期待できないということでもありますよね。

坂東　はい。私が女性の再就職として期待していたのは、再チャレンジというのは起業ではなく、再雇用だったんです。ちゃんとした勤め先を持っていたけれど出産、育児で家庭に入った人が、もう一回勉強し直せば雇ってもらえるかなと思っていたら、それはとってても甘かったんですね。大企業はそんな女性は安いパートでしか採用しません。企業がそういう人を採用しないなら、自分で起業するほうがいいんじゃないかと方針転換したんです。

上野　おっしゃるとおりです。エコノミストの川口章《あきら》さんという人が、職場の男女平等のためには「女性の離職率抑制が最大のゴールだ」とおっしゃるので、「話が違うんじゃないか。離職しても再就職が不利にならなければそれが一番いいんじゃないか」と、私も坂東さんと同じことを言いました。でも日本の企業はそうはなりません。継続雇用が有利になり、離職が最大のハンディになるような人事管理システムを牢固《ろうこ》としてつくり上げてしまっているので、男もその中にはまりこんでいます。

坂東　そうなんです。だから男の人でも、いろいろな事情で自分も子育てや家事を担わなければならない人たちは、ドロップアウトせざるをえなくなってくる。

上野　女の人はくたくたになったときに、覚めるのが早いと思います。これから先、職場で定年を迎えた女性のその後が大変だと言う人もいるけど、見たところ、定年になったからといって粗大ごみになる女はほとんどいない、というのが私の実感です。女は、自分がやったことに企業が報いてくれるだろう、という期待を早めに捨てますから。

坂東　でもね、今、女の人で専業主婦を願望する人が増えているらしいですね。男の人にくたくたになるまで働いてもらって、私は人生を充実して、社会的な活動をして気の利いたことを言っておしゃれをして、というようなことをするほうが賢いんじゃないかという風潮があるでしょう。それについてどう思います？

上野　二十代女性のあいだで「男は仕事・女は家庭」という性別役割分担の支持率が上昇してきているということが、新聞で騒がれていました。そのことですね。その理由は、アラフォーから上の彼女たちの母親の世代が、ぼろぼろになって働いてきて、その姿が彼女たちのロールモデルにならなかったんじゃないかと推測しています。

坂東　そうでしょうね。でもね、そんなに一生好きなことをさせてくれるだけの経済力があったり、理解があるような男性に巡り合うほど運のいい人はあんまりいないよって、私はいつも言っているんですけどね。

上野　そう。たとえ望んだとしても、実現できる確率は極めて低いから目を覚ましなさいというしかありません。

坂東　そしてそういう結婚を望むあまり、そのまままずるずる独身、というのが、どんどん増えているんですよ。

上野　そのとおりです。私はそれを現実逃避の妄想系と呼んでいます（笑）。

坂東　そうなの。だから現実から逃避しないで、やっぱり現実をしっかり見て、少しでもベターなほうを選んで、あるいはそれがダメだったとしたら、ちゃんと自分で武器を手に入れて、しこしこと小さな自分の足元からやっていくしかない。

上野　今、女たちが置かれている現状を見ると、逃避したいほど現実がつらいんだと思うんです。それでも逃避していいことは何もないから、やっぱり現実をちゃんと見極めたうえで、その中でどうやって生き延びていくかということを学んでほしいですね。

（二〇一四年三月）

編集協力：後藤淑子
宮内千和子
本文写真：山崎賢人
本文デザイン：今井秀之

本書は二〇一一年五月、潮出版社より刊行されました。
文庫化にあたり、付録対談を加え再編集しました。

集英社文庫

女《おんな》は後半《こうはん》からがおもしろい

2014年7月25日 第1刷 定価はカバーに表示してあります。

著 者 坂東眞理子《ばんどうまりこ》
上野千鶴子《うえのちづこ》

発行者 加藤 潤

発行所 株式会社 集英社
東京都千代田区一ツ橋2-5-10 〒101-8050
電話 03-3230-6095(編集部)
03-3230-6393(販売部)
03-3230-6080(読者係)

印 刷 大日本印刷株式会社

製 本 ナショナル製本協同組合

フォーマットデザイン アリヤマデザインストア マークデザイン 居山浩二

ISBN978-4-08-745213-6 C0195